100 Rezepte

Chinesisch Kochen in der Mikrowelle

100 Rezepte

Chinesisch Kochen in der Mikrowelle

von

Isolde Bräckle und Sabine Bergmann

Unipart-Verlag, Stuttgart

Inhalt

Bitte beachten Sie:
Alle Gerichte sind für 2 Personen berechnet, falls nicht anders angegeben.
Alle EL- und TL-Angaben sind Durchschnittswerte.
1 EL entspricht etwa 15 ml (15 g)
1 TL entspricht etwa 5 ml (5 g)
Es sind stets ein gestrichener EL oder TL gemeint.

Innentitel:
Hähnchen auf Sojakeimen
(Kikkoman)

ISBN 3 8122 3105 0

Einführung

Daß die Chinesen auf eine der besten Küchen der Welt stolz sein können, ist bei Feinschmeckern unumstritten. Sie vereinigt alle Vorzüge, die wir auch von einer modernen Küche erwarten: Sie ist leicht, bekömmlich, variantenreich und erfordert im allgemeinen wenig Zeitaufwand. Kein Wunder also, daß sich rund um den Globus - und so auch bei uns - chinesische Spezialitätenlokale mit großem Erfolg etabliert haben. Im Haushalt jedoch wagen sich nur wenige Mutige an die chinesische Küche heran, weil sie befürchten, chinesisch kochen sei zu kompliziert und kostspielig. Das Gegenteil ist richtig! Man bekommt heute die wichtigsten typisch chinesischen Zutaten in jeder größeren Stadt oder jedem Großmarkt auf dem Lande zu erschwinglichen Preisen; viele kann man auch durch europäische Zutaten ersetzen. Exotische Früchte und Gemüse erhält man ohnehin überall. Und Zeit beansprucht nur das mundgerechte Kleinschnipseln der Lebensmittel, das Charakteristische der chinesischen Küche (Chinesen benutzen schließlich bei Tisch kein Messer, sondern essen mit Stäbchen). Die Garzeiten sind kurz, besonders wenn man die moderne Mikrowelle einsetzt, die sich hervorragend zur Bereitung der meisten chinesischen Gerichte eignet.

Asiaten achten im allgemeinen sehr darauf, zugleich schmackhaft und gesund zu kochen. Die kurzen, Nährwerte und Aroma schonenden Garzeiten der Mikrowellengerichte kommen dieser Absicht entgegen. Wir haben deshalb in unserem Kochbuch ostasiatische Eßkultur mit modernster Küchentechnik kombiniert. Entdecken Sie also mit uns das Schlaraffenland der chinesischen Küche - wir wünschen Ihnen dazu viel Erfolg und guten Appetit!

Chinesen stellen ihre Mahlzeiten anders zusammen als wir. Fast jede Mahlzeit besteht aus mehreren Gängen, von denen man allerdings nur kleine Portionen zu sich nimmt. Meist werden alle Speisen auf einmal serviert und so angerichtet, daß sich jeder von allem bedienen kann; praktisch dafür ist ein großer Drehteller in der Mitte des Tisches. Als "Amuses gueules" werden kleine Knabbereien, wie kandierte Nüsse, gereicht. Die Suppe steht nicht wie bei uns am Anfang, sondern am Ende einer Mahlzeit, um die Verdauung zu fördern. Suppen werden allerdings auch schon zum Frühstück serviert.

Ungewöhnlich für uns ist die chinesische Sitte, auf ein Dessert zu verzichten. die Gewohnheit, Obst, Eiscreme oder eine leichte Nachspeise zu reichen, hat aber in den letzten Jahrzehnten auch bei den Chinesen Eingang gefunden. Wir bringen in diesem Buch - als Zugeständnis an den europäischen Geschmack - einige Süßspeisen auf ostasiatische Art, die gut in ein chinesisches Menü passen.

Als Getränke werden zu chinesischen Speisen Reiswein, trockene Weißweine, Sherry sowie Tee (grüner Tee, Jasmintee) und Fruchtsäfte serviert.

Das Essen mit Stäbchen ist leichter, als der "Neuling" glaubt. Wer seinen Gästen ein "echtes" chinesisches Menü vorsetzen will, sollte sich in Ostasienläden einfache Wegwerfstäbchen aus Holz besorgen. Hübsch sind als Dekoration Papierservietten in Fächerform. Blau-weißes chinesisches Geschirr gibt es ebenfalls überall bei uns relativ preiswert zu kaufen.

Viele Küchentips für "Einsteiger" in die chinesische Kochkunst und ein kleines Lexikon der typischen chinesischen Zutaten finden Sie im Anhang Seite 62 und 63.

Über den Umgang mit der Mikrowelle

Seit einigen Jahren nimmt das Mikrowellengerät im Haushalt einen festen Platz innerhalb der Elektrogeräte ein. Erhältlich als freiaufstellbare Tischgeräte, als Einbaugeräte oder integriert in Elektroherde, erobert die Mikrowelle zunehmend neue Verbraucherschichten.
Die Vorteile dieses Gerätes liegen auf der Hand:
• Mit Mikrowellen läßt sich Tiefkühlkost rasch auftauen und erhitzen.
• Fertiggerichte und vorbereitetes Essen werden schonend erwärmt.
• Kleine Portionen (z.B. auch Reste) garen rasch und sehen appetitlich aus.
• Das Essen kann direkt im Kochgeschirr serviert werden.
Moderne, kombinierte Mikrowellengeräte, auch als Kombi-Gerät bezeichnet, verfügen über vier Heizarten, die sich mit der Mikrowelle kombinieren lassen:
• Ober- und Unterhitze
• Grill
• Heißluft
• Umluft-Grill-System
D.h., man kann jede Heizart für sich alleine oder mit Zuschaltung der Mikrowelle verwenden oder benutzt wahlweise nur die Mikrowelle. Diese technische Weiterentwicklung ermöglicht Backen, Braten und Grillen, so wie es in herkömmlichen Elektroherden bislang praktiziert wird.
Angesichts der kaum noch überschaubaren Gerätevielfalt (es gibt derzeit ca. 150 verschiedene Typen), haben die Autorinnen beim Ausprobieren der Gerichte ein Mikrowellen-Gerät der "mittleren Generation" gewählt. Dieser Gerätetyp zählt mit zu den bisher am häufigsten verkauften Mikrowellengeräten. Es verfügt über eine Ausgangsleistung von 600 Watt sowie eine Auftau- und Fortkochstufe von 180 Watt. Ober- und Unterhitze sowie Flächengrill lassen sich außerdem wahlweise hinzuschalten.
Wer jedoch über ein Mikrowellen-Gerät mit geringerer Ausgangsleistung (z.B. 500 Watt) oder über ein Gerät mit höherer Ausgangsleistung (700 Watt) verfügt, kann sich nach folgender grober Faustregel für die entsprechenden Garzeiten richten: Um rund 20% verlängern sich die Garzeiten bei einem 500 Watt-Gerät; bei einem 700 Watt-Gerät verkürzen sich die im vorliegenden Buch angegebenen Garzeiten um ca. 15%.
Beispiel: Wenn ein Gericht in einem 600 Watt-Gerät 6 Minuten braucht, benötigt die gleiche Speise in einem 500 Watt-Gerät rund 7 Minuten, in einem 700 Watt-Gerät jedoch nur 5 1/2 Minuten.

Beachten Sie grundsätzlich die Hersteller-Angaben für Ihr Mikrowellen-Gerät!

Was sind Mikrowellen - wie funktionieren sie?

Mikrowellen sind elektromagnetische Wellen, wie z.B. Licht, Infrarotstrahlen (Strahlungsgrill) oder Röntgenstrahlen. Sie übertragen auf drahtlosem Wege Energie. Treffen sie auf Lebensmittel, so entstehen ganz bestimmte Wirkungen. Lebensmittel enthalten Bausteine, die beim Auftreffen der Mikrowellen rasch in Bewegung geraten, dabei wird die Mikrowellenenergie in Wärme umgesetzt. Wie stark die Wärmeentwicklung ist, hängt von der Beschaffenheit des Lebensmittels, seiner Temperatur, Dicke und Menge ab.
Mikrowellen dringen durch Glas, Keramik, Porzellan, Pappe und Papier sowie durch mikrowellengeeigneten Kunststoff. Treffen Mikrowellen hingegen auf Metall, so werden die Strahlen reflektiert.
Normalerweise können Sie das in Ihrem Hause vorhandene **Geschirr** für das Garen in der Mikrowelle verwenden: Glas, Porzellan und Keramik sind, wie schon erwähnt, geeignet. Es darf jedoch kein Metall, keine Gold- oder Metalldekore aufweisen; Kunststoffgeschirr muß hitzebeständig (mindestens 100 Grad C) sein. Metalltöpfe, -pfannen hingegen sind ungeeignet.

Im Handel finden Sie eine breite Auswahl an speziellem Geschirr, das sich für das Garen in der Mikrowelle eignet. Wer über ein einfaches Mikrowellen-Gerät (also ohne Back- und Grillbetrieb) verfügt, kann sich zum Bräunen für z.B. Fleischgerichte auch **Bräunungsgeschirr** kaufen. Der Handel informiert über das Angebot und die Funktionsweise.

Es empfiehlt sich, die Speisen beim Mikrowellengaren **abzudecken**, dadurch wird ein Austrocknen der Lebensmittel vermieden; auch bleibt der Garraum sauber. Wählen Sie zum Abdecken der Speisen aus den oben erwähnten Gründen keine Alu-Folie. Vielmehr sollten Sie entweder einen passenden Deckel oder eine eigens dafür entwickelte Mikrowellenfolie (sie ist allerdings nicht für den Back-, Grill- oder Umluftbetrieb geeignet) verwenden.

Das **Auftauen** oder **Erwärmen** von **Fertiggerichten** in geöffneten Aluschalen und Folien kann zwar in der Mikrowelle erfolgen. Allerdings ergeben sich aufgrund der Verpackung andere Garzeiten als z.B. bei vergleichbaren selbstzubereiteten Speisen. Hersteller von Fertiggerichten kennzeichnen ihre mikrowellengeeigneten Produkte seit neuestem mit einem entsprechenden Mikrowellenzeichen - die Behälter sind in diesem Fall mikrowellengeeignet.

Ein Wort zu den **Garzeiten**: Die Zeitangaben der Rezepte wurden sorgfältig getestet; dennoch können sich Abweichungen ergeben, und zwar:

- durch unterschiedliche Frische und Reifegrad der Lebensmittel, z.B. bei Gemüse, Obst, Fleisch oder Fisch,
- durch unterschiedlich große Lebensmittel, d.h. wenn die Lebensmittel ungleich streifig- oder würfelförmig geschnitten werden,
- durch unterschiedliche Temperaturen (Zimmer- oder Kühlschranktemperatur).

Die **Rezeptmengen** sind grundsätzlich für **2 Personen** berechnet. Abweichungen sind jeweils angegeben. Beachten Sie: Doppelte Menge benötigt nahezu doppelte Garzeit; für die halbe Menge braucht man nur die halbe Zeit. Sind Sie im Umgang mit der Mikrowelle noch nicht so geübt, sollten Sie anfangs eine etwas kürzere Garzeit als im Rezept angegeben wählen. Prüfen Sie den Garzustand der Speisen und lassen Sie das Gericht gegebenenfalls weitere Minuten garen.

Bei Gerichten, die in Mikrowellen-Geräten ohne Drehteller zubereitet werden, **rührt** oder **wendet** man die Speisen, um so die Wärme gleichmäßiger zu verteilen. Bei Geräten mit Drehteller entfällt das Rühren oder Wenden.

In zahlreichen Rezepten wird ein **Nachgaren** (insbesondere bei Fisch-Gerichten) empfohlen, denn das Gericht gart durch die Wärementwicklung im Lebensmittel weiter. Diesen Energiespar-Effekt sollte man beim Garen mit der Mikrowelle bewußt nutzen.

Kombiniertes Kochen, also das zu gleicher Zeit eingesetzte Mikrowellengerät und der herkömmliche Elektro- oder Gasherd, ist immer dann angesagt, wenn verschiedene Lebensmittel oder Beilagen zur gleichen Zeit fertig sein sollen. Sie finden in den entsprechenden Rezepten dazu die jeweiligen Hinweise.

Rezepte, die mit "* **KOMBI**" gekennzeichnet sind, weisen darauf hin, daß hier zur Mikrowelle der Back- oder Grillbetrieb zugeschaltet ist. Sie sind nur für Kombinationsgeräte geeignet.

Und ganz zum Schluß: Vergessen Sie nicht, die Topflappen in Griffnähe zu legen. Auch beim Garen mit der Mikrowelle wird das Geschirr bisweilen sehr heiß.

Delikate Vorspeisen und Zwischengerichte

Hummer mit Pilzen

125 g gegartes Hummerfleisch (aus der Dose)
1 TL Speisestärke
2 EL trockener Sherry
125 g frische Shii-Take-Pilze oder Egerlinge
2 EL Öl
1 TL Ingwerpulver
Salz oder Glutamat
frisch gemahlener schwarzer Pfeffer

Das Hummerfleisch in kleine Würfel schneiden, mit der Speisestärke bestreuen und vermengen, mit dem Sherry beträufeln. Die Pilze putzen und säubern (Shii-Take mit Küchenpapier abreiben, Egerlinge waschen und trockentupfen), danach blättrig schneiden. Hummerfleisch und Pilze mit dem Öl in ein Gefäß geben und 3 Minuten bei 600 Watt offen garen, dann zugedeckt bei 180 Watt noch 3 Minuten garen. Mit Ingwerpulver, Salz oder Glutamat und Pfeffer würzen. Das Gericht mit gegarten Glasnudeln oder Toastbrot zu Tisch geben.

Garzeit: *3 Minuten/600 Watt; 3 Minuten/180 Watt*

Gefüllte Shii-Take

25 g getrocknete chinesische Pilze (Shii-Take)
125 g Schweinehack
1 EL Sojasauce
1 TL Speisestärke
30 g Tofu
etwas Petersilie
Salz und Pfeffer nach Geschmack
1 EL Öl
2 EL Fleischbrühe (Instant)
1-2 EL Austernsauce

Die Pilze mit kochendem Wasser übergießen und mehrere Stunden quellen lassen oder in der Mikrowelle mit 3/4 l Wasser 4 Minuten bei 600 Watt zugedeckt erhitzen und anschließend 20 Minuten ausquellen lassen. Sehr gut abtropfen bzw. trockentupfen. Für die Füllung Hackfleisch mit der in Sojasauce verrührten Speisestärke vermengen. Den zerdrückten Tofu und die gehackte Petersilie untermengen. Die Lamellenseite der Pilze mit der Masse, die nach Belieben noch mit Salz und Pfeffer abgeschmeckt wurde, füllen. Eine große flache Form mit dem Öl ausstreichen und die Pilze mit der Füllung nach oben hineinlegen. Die Fleischbrühe angießen und die Pilze zugedeckt bei 600 Watt 8-10 Minuten garen. Dann die Austernsauce darüberträufeln und 2 Minuten nachgaren lassen. Das Gericht als Vorspeise servieren.

Garzeit: *8-10 Minuten/600 Watt*
Nachgarzeit: *2 Minuten*

Krabben-Eierstich

4 Eier
100 g frische Krabben (oder Dosenware)
Glutamat
1 EL Sojasauce
1-2 TL Sesamöl

Die Eier mit den Krabben (Dosenware abtropfen lassen) verquirlen, mit Glutamat und Sojasauce würzen und in eine mit Sesamöl eingepinselte Form gießen. Offen 6 Minuten bei 600 Watt garen, stürzen und rasch servieren. Nach Geschmack chin. süß-saure Sauce dazu reichen.

Garzeit: *6 Minuten/600 Watt*

Anmerkung: *Zunächst geht die Eimasse stark auf, fällt dann aber wieder zusammen.*

Bambussprossen mit Pilzen und Nudeln

80 g chinesische Nudeln (Instant)
200 g Bambussprossen (aus der Dose)
200 g frische Champignons
1 Stange Lauch (Porree)
150 g gebratene Fleischreste (z.B. Schweinefleisch oder Geflügel)
1 EL Sojasauce
2 TL Speisestärke
1 EL trockener Sherry

Etwa 1/2 l Wasser in eine Schüssel gießen und zugedeckt 4 Minuten bei 600 Watt erhitzen, die Nudeln hineingeben und 4 Minuten darin belassen. Danach durch ein Sieb abgießen und warmstellen. Die Bambussprossen gut abtropfen lassen. Die Pilze putzen und feinblättrig schneiden. Den Lauch in dünne Ringe schneiden. Das Fleisch kleinwürfeln und mit Sojasauce marinieren. Die Speisestärke mit dem Sherry verrühren, zusammen mit allen vorbereiteten Zutaten in eine runde Schüssel geben und zugedeckt 4 Minuten bei 600 Watt garen, dabei ein- bis zweimal umrühren. Mit den Nudeln vermischen und servieren.

Garzeit: *8 Minuten/600 Watt*

Crevetten in Weinsud

6 geschälte große Crevetten (300 g)
60 ml trockener Weißwein
je 1 TL Salz und Pfeffer
1 Knoblauchzehe
2 EL Zitronensaft; 2 TL Öl
200 g gemischter Blattsalat
2 Tomaten
200 g Staudensellerie
100 g Champignons oder Radieschen
2 EL Essig oder Zitronensaft
2 EL gehackte Kräuter nach Wahl
2 Scheiben Toastbrot

Crevetten unter fließendem Wasser waschen und abtropfen lassen. Mit dem Weißwein in eine tiefe Schale geben, je 1 Prise Salz und Pfeffer sowie den Zitronensaft hinzufügen. Knoblauch fein hacken und untermengen. Mit Mikrowellenfolie zugedeckt bei 180 Watt 10 Minuten garen, dazwischen einmal wenden, dann noch kurz ziehen lassen. Nebenbei den Salat mit Tomaten- und Selleriestückchen dekorativ auf einer Platte anrichten. Champignons oder Radieschen blättrig schneiden und darübergeben. Aus Öl, Essig oder Zitronensaft, Salz, Pfeffer und Kräutern eine Marinade rühren und den Salat damit beträufeln. Zuletzt das Toastbrot rösten und alles zusammen anrichten.

Garzeit: *10 Minuten/180 Watt*

Nachgarzeit: *2 Minuten*

Austernpilzsalat mit Hühnerbrüstchen

1 ausgelöstes Hühnerbrüstchen
2 EL Erdnußöl
Salz
Zitronenpfeffer
150 g frische Austernpilze
1 EL grob gehackte Erdnüsse
1 EL Sojasauce
1 Frühlingszwiebel
1/2 reife Avocado
Zitronensaft
frisch gemahlener weißer Pfeffer

Das Hühnerbrüstchen enthäuten und quer zur Faser in schmale Streifen schneiden. Mit 1 EL Erdnußöl in ein flaches Gefäß geben und 4 Minuten bei 600 Watt garen, einmal wenden. Mit Salz und Zitronenpfeffer würzen, dann beiseite stellen. Die Austernpilze putzen und mit Küchenpapier säubern (nicht waschen), danach in schmale Streifen schneiden. Mit dem restlichen Öl in die Mikrowelle geben und 4-5 Minuten bei 600 Watt garen. Die Erdnüsse hinzugeben, mit der Sojasauce beträufeln, salzen. Die Frühlingszwiebel in feine Ringe schneiden und mit dem Hühnerfleisch unter die Pilze heben. Mit Zitronensaft und Pfeffer abschmecken. Die Avocadohälfte schälen, in Streifen schneiden, mit Zitronensaft beträufeln und dekorativ auf zwei Teller verteilen. Den Salat daneben anrichten.

Garzeit: *8-9 Minuten/600 Watt*

Tip: *Es empfiehlt sich, beim Garen von z.B. kleinen Kohlrouladen, Hackfleischbällchen oder stückigem Gemüse (Blumenkohlröschen, Rosenkohl etc.) runde Schüsseln zu verwenden. Dabei sollte auch die Anordnung der Lebensmittel kreisförmig vom Rand her erfolgen. Die Lebensmittel garen dann gleichmäßiger.*

Pikant gefüllte Chinakohlrollen

4 große Chinakohlblätter
1/4 l Wasser mit 2 EL japan. Sojasauce
Für die Füllung:
1 kleine Zwiebel
100 g Möhren
50 g frische Champignons
50 g frische Bohnenkeime
1 EL Öl
2 EL japanische Sojasauce
50 g fertig gegarter Reis
1 TL Sonnenblumenkerne
Zum Schmoren:
1 EL Öl
1/8 l Gemüsebrühe (Instant)
1 TL Speisestärke

Die Chinakohlblätter waschen und putzen. Wasser mit Sojasauce erhitzen, die Chinakohlblätter hinzufügen und 1 Minute bei 600 Watt garen. Herausnehmen und mit kaltem Wasser abbrausen und abtropfen lassen. Für die Füllung die Zwiebel schälen und in feine Streifen schneiden, die geputzten Möhren ebenfalls in feine Streifen schneiden. Die Champignons waschen, putzen und blättrig schneiden. Die Keime kalt abbrausen und abtropfen lassen. In einem Gefäß Zwiebel mit Öl bei 600 Watt 5 Minuten erhitzen, Möhren und Sojasauce zugeben, danach Champignons und Keime zufügen. Alles bei 600 Watt 10 Minuten garen. Nun den Reis und die Sonnenblumenkerne untermengen und alles etwas abkühlen lassen. Auf die ausgebreiteten Chinakohlblätter verteilen, diese zusammenrollen und mit Holzstäbchen befestigen. In ein flaches Gefäß das Öl geben, die Chinakohlrollen darauf anordnen und bei 600 Watt 6 Minuten garen. Nach 3 Minuten die Gemüsebrühe, die mit der Speisestärke verrührt wurde, darübergießen und die Kohlrollen wenden. Als Vorspeise oder Zwischengericht servieren.

Garzeit: *insgesamt 22 Minuten/600 Watt*

Pikant gefüllte Chinakohlrollen (Kikkoman)

Austernpilze mit Sesam

125 g Rinderfilet
2 EL Öl
frisch gemahlener schwarzer Pfeffer
1 kleine Zwiebel
1/2 Knoblauchzehe
1 kleine Möhre
1/2 Aubergine (100 g)
250 g frische Austernpilze, Salz
2 EL Sojasauce
1 EL Sesamöl
1 Frühlingszwiebel
1 EL Sesamsamen

Das Rinderfilet in dünne Streifen schneiden. Mit dem Öl beträufeln, mit Pfeffer bestreuen und durchziehen lassen. Die Zwiebel und den Knoblauch fein hacken, dann zusammen mit dem Fleisch in ein Gefäß geben und 2 Minuten bei 600 Watt garen. Möhre und Aubergine putzen, waschen und fein würfeln, abgetropft beifügen. Austernpilze säubern, den Strunk abschneiden und die Pilze in Streifen schneiden, gleichfalls untermischen und alles in einem zweiten Gefäß bei 600 Watt 6 Minuten garen. Mit Salz, Pfeffer, Sojasauce und Sojaöl würzen. Das Fleisch salzen, untermischen und alles nochmals 1 Minute bei 600 Watt erhitzen. Die gesäuberte, in Ringe geschnittene Frühlingszwiebel mit dem Sesamsamen vor dem Servieren einstreuen.

Garzeit: *Fleisch 3 Minuten/600 Watt ; Pilze 7 Minuten/600 Watt*

Blattspinat mit Sesamsauce

500 g Blattspinat
1 EL Sesamöl
2 EL japanische Sojasauce, 4 EL Wasser
40 g Sesamsamen
2 EL Hühnerbrühe (Instant)
Cayennepfeffer (Chilipulver)

Den Spinat waschen, putzen, entstielen, in ein Gefäß geben und mit Sesamöl und 1 EL Sojasauce beträufeln. 4 EL Wasser hinzugeben und 2 Minuten bei 600 Watt garen. Die Sesamsamen in einer trockenen Pfanne gleichmäßig rösten. Einen Löffel voll davon beiseite stellen. Die übrigen Samen im elektrischen Zerhacker oder Mixer zu einer dicken Paste zerkleinern, mit Brühe und 1 EL Sojasauce zu einer cremigen Sauce glattrühren. Mit einer Prise Cayenne abschmecken. Den lauwarmen Salat mit der Sauce mischen, auf einer Platte anrichten und zum Schluß mit den restlichen Sesamsamen bestreuen. Als Vorspeise oder Beilage reichen.

Garzeit: *2 Minuten/600 Watt*

Rührei mit Reis, Krabben und Kresse

150 g Reis
1 Prise Salz
0,2 l Wasser
2 Eier
100 g frische Krabben (oder aus der Dose)
2 Frühlingszwiebeln
1 Schächtelchen Kresse
1 TL Sesamöl

Den Reis in eine Schüssel geben, das Salzwasser hinzufügen und zugedeckt 4 Minuten bei 600 Watt erhitzen, danach zugedeckt 12 Minuten bei 180 Watt garen, dabei nicht umrühren, 2 Minuten nachgaren lassen. In der Zwischenzeit die Eier mit den Krabben (Dosenware gut abtropfen lassen) und den in feine Ringe geschnittenen Frühlingszwiebeln verquirlen und unter den fertigen Reis heben. Zugedeckt ca. 2 1/2 Minuten bei 600 Watt erhitzen (die Eier sollten gestockt sein), dabei einmal umrühren. Vor dem Servieren die feingeschnittene Kresse zusammen mit dem Sesamöl unter den Reis heben.

Garzeit: *6 1/2 Minuten/600 Watt; 12 Minuten/180 Watt*

Nachgarzeit: *2 Minuten*

Eier mit Bohnenkeimen

1 EL Sesamöl
175 g Bohnenkeime (aus dem Glas)
2 EL Fleischbrühe (Instant)
frisch gemahlener schwarzer Pfeffer
4 Eier
2 EL helle Sojasauce
1 EL Sesamsamen

Öl und Bohnenkeime in eine flache Schale geben, dazu die Fleischbrühe. Zugedeckt bei 600 Watt 2 Minuten erhitzen. Mit Pfeffer würzen. Die Eier mit Sojasauce verschlagen, über die Bohnenkeime gießen und bei 600 Watt in 3 Minuten stocken lassen. Während der letzten Minute die Sesamsamen überstreuen.

Garzeit: *5 Minuten/600 Watt*

Anmerkung: *Bei Verwendung frischer Bohnenkeime müssen diese 4-5 Minuten gedünstet werden, ehe man sie mit den Eiern übergießt.*

Shii-Take-Lauchsauce mit Bandnudeln

1 dünne Stange Lauch (Porree)
125 g frische Shii-Take-Pilze
1 EL Öl
Salz
frisch gemahlener schwarzer Pfeffer
Cayennepfeffer
4 EL trockener Sherry
1/8 l Fleischbrühe (Instant)
evtl. 1 Prise gemahlener Sternanis
125 g schmale Bandnudeln
Salzwasser

Den Lauch putzen, waschen und in dünne Ringe schneiden. Die Pilze mit Küchenpapier abreiben, von den Stengeln befreien und die Pilzköpfe in schmale Streifen, die Stiele in dünne Scheibchen schneiden. Öl in ein Gefäß geben und Lauch sowie Pilze darin 5 Minuten offen bei 600 Watt garen. Mit Salz, Pfeffer und einer Prise Cayenne kräftig würzen. Mit Sherry und der Brühe aufgießen und verschlossen bei 180 Watt in 5 Minuten fertiggaren. Nach Belieben mit Sternanis abschmecken. Inzwischen die Nudeln in reichlich Salzwasser auf der Herdplatte "al dente" (bißfest) garen und abgetropft mit der Pilzsauce anrichten.

Garzeit: *5 Minuten/600 Watt; 5 Minuten/180 Watt*

Anmerkung: *Das Gericht reicht als Vorspeise für 4 Personen.*

Fleisch und Geflügel in vielen Varianten

Gegarter Reis mit Schweinefleisch

300 g Schweinefleisch (z.B. Schnitzel)
2 große Zwiebeln
2 EL Sesamöl
3 EL Tomaten-Ketchup
1 TL Zucker
1/2 TL Salz
150 g fertiggegarter Reis

Das Schweinefleisch in dünne Streifen schneiden. Die Zwiebeln feinwürfeln. Das Sesamöl in eine runde Schüssel geben, die Zwiebelwürfel hinzufügen und zugedeckt 1 Minute bei 600 Watt dünsten. Das Fleisch hinzufügen und zugedeckt 10 Minuten garen, dabei ein- bis zweimal umrühren. Mit dem Tomaten-Ketchup, Zucker und Salz vermischen. Alles unter den fertiggegarten Reis heben.

Garzeit: *11 Minuten/600 Watt*

Tip: *In der chinesischen Küche wird für sehr viele Gerichte Fleisch und Geflügel in schmale Streifen geschnitten. Dieses Schnetzeln geht besonders einfach und schnell, wenn man das Fleisch vorher im Gefrierschrank oder Eisfach etwas anfriert. Empfehlenswert ist natürlich auch ein erstklassiges, scharfes Messer.*

Chop Suey mit Schweinefleisch

250 g Schweinefleisch (Filet)
Salz
2 EL Keimöl
1 TL Speisestärke
2 EL Sojasauce
1 EL Reiswein oder trockener Sherry
1 TL brauner Zucker
175 g Bohnenkeime (aus dem Glas oder Dose)
125 g Bambussprossen (aus der Dose)
100 g Wasserkastanien (aus der Dose)
evtl. Glutamat und 1 EL Sesamsamen
2 Eierpfannkuchen (Crêpes)

Das Schweinefleisch schnetzeln und salzen. 1 EL Keimöl mit der Speisestärke verrühren und unter das Fleisch mengen. Bei 600 Watt 4 Minuten unter Wenden offen garen. Dann Sojasauce und Reiswein oder Sherry hinzufügen, süßen und zugedeckt noch 2 Minuten bei 600 Watt garen. Bohnenkeime, Bambussprossen und Wasserkastanien abtropfen lassen. Wenn nötig, Bambussprossen noch in Streifen schneiden, Wasserkastanien in dünne Scheiben schneiden. Alles mit dem restlichen Öl bei 600 Watt 2 Minuten garen. Dann mit dem Fleisch vermengen, evtl. mit Glutamat abschmecken. Beim Servieren die Sesamsamen darüberstreuen und das Gericht mit Eistreifen (in Streifen geschnittene Pfannkuchen) garnieren. Dazu schmeckt Reis.

Garzeit: *8 Minuten/600 Watt*

Schweinefleisch mit Ananas

1 kleine Zwiebel oder 2 Schalotten
1 EL Öl
1/2 grüne Paprikaschote
1 kleine Dose Ananas in Stücken (Einwaage ca. 150 g)
1 EL Sojasauce
1/2 TL Ingwerpulver
1 EL Essig
2 EL Fleischbrühe (Instant)
250 g Schweinefleisch (Nacken)
2 TL Speisestärke
evtl. Salz oder Glutamat

Die Zwiebel feinhacken und mit dem Öl in einer Auflaufform 2 Minuten bei 600 Watt erhitzen. Die Paprikaschote ausputzen, waschen und in feine, streichholzlange Streifen schneiden. Die Streifen sowie die Ananasstücke in die Form geben, ebenso die mit Sojasauce und Ingwer verrührte Brühe. Das Fleisch in kleine Würfel schneiden und diese in der Speisestärke wenden, dann auf die anderen Zutaten geben. 5 Minuten offen, dann 5 Minuten zugedeckt garen. Durchrühren, eventuell mit Salz oder Glutamat nachwürzen und noch 2 Minuten nachgaren lassen.

Garzeit: *12 Minuten/600 Watt*

Nachgarzeit: *2 Minuten*

Tip: *Frische Ingwerknollen, die nicht verbraucht wurden, kann man problemlos einfrieren und wieder auftauen. Wenn Sie jedoch keine frische Ingwerknolle bekommen können, würzen Sie einfach mit gemahlenem Ingwer oder mit kleingeschnittenem eingelegtem Ingwer.*

Chow mein

250 g Abalone (aus der Dose)
100 g Bambussprossen (aus dem Glas)
75 g Bohnenkeime (aus dem Glas)
2 Frühlingszwiebeln (oder 1 Stange Lauch)
200 g Schweinefleisch (wahlweise Rind oder Geflügel)
1 Knoblauchzehe
1 TL geriebene Ingwerknolle
100 g fertiggegarte Glasnudeln
2 EL Sojasauce
2 TL Speisestärke

Die Abalone abgetropft (Dosenflüssigkeit aufbewahren) in hauchdünne Streifen schneiden. Zusammen mit den abgetropften Bambussprossen und Bohnenkeimen in eine runde Schüssel geben. Die Frühlingszwiebeln in sehr dünne Ringe schneiden, das Fleisch sehr klein würfeln, die Knoblauchzehe zerdrücken, zusammen mit dem Ingwer und den Glasnudeln zu den vorbereiteten Zutaten geben. Das Abalone-Abtropfwasser hinzufügen und die in Sojasauce aufgelöste Speisestärke einrühren. Zugedeckt 6 Minuten bei 600 Watt erhitzen, dabei zwei- bis dreimal umrühren.

Garzeit: *6 Minuten/600 Watt*

Anmerkung: *"Chow mein" gilt im allgemeinen als "Resteessen", und wird normalerweise auf der Basis von gebratenem Reis oder gebratenen Nudeln zubereitet.*

Hackbällchen mit Kürbissauce

Für die Sauce:
1/2 Glas (100 g) süß-saure Kürbiswürfel
Fleischbrühe (Instant) nach Bedarf
1 EL Speisestärke
2 EL Sojasauce
Für die Hackbällchen:
250 g gemischtes Hackfleisch
1 Eiweiß
3 EL Semmelbrösel
1/2 TL Ingwerpulver
frisch gemahlener schwarzer Pfeffer
1 Prise Rosenpaprika
1/2 grüne Paprikaschote

Für die Sauce die Kürbiswürfel abtropfen lassen. Die Abtropfflüssigkeit in ein Gefäß geben, mit Fleischbrühe auf 200 ml ergänzen. 2 EL davon mit der Speisestärke und der Sojasauce verquirlen und einrühren. Alles bei 600 Watt 10 Minuten erhitzen, bis eine sämige Sauce entstanden ist, währenddessen mehrmals umrühren. Inzwischen aus Hackfleisch, Eiweiß, Semmelbröseln und Sojasauce einen Fleischteig herstellen, würzen, Bällchen formen und in eine flache Schale legen. Geputzte Paprikaschote in feine, streichholzlange Streifen schneiden und diese zwischen die Hackbällchen streuen. Abgedeckt 8 Minuten bei 600 Watt garen, dabei die Bällchen einmal wenden. 2 Minuten nachgaren lassen. Dann Hackbällchen, Paprikastreifen und um die Hälfte verkleinerte Kürbiswürfel in die fertige Sauce geben und nochmals 2 Minuten bei 600 Watt erhitzen. Dazu Reis servieren.

Garzeit: *Sauce 10 Minuten/600 Watt; Hackbällchen 8 Minuten/600 Watt*

Nachgar- und Erwärmzeit: *insgesamt 4 Minuten*

Spinatnudeln mit Schweinefleisch

10 g getrocknete chinesische Baumpilze
Salz
2 TL Erdnußöl
200 g Nudeln
100 g Schweinefleisch
2 TL Sojasauce
1 TL Sherry
1 TL Speisestärke
2 Frühlingszwiebeln
100 g Bambussprossen (aus dem Glas)
1 Karotte
100 g frischer Spinat (wahlweise 150 g TK-Junger Spinat)
1/8 l Fleischbrühe (Instant)
Cayennepfeffer

1/2 l Wasser in einer Glasschüssel zugedeckt 3 Minuten bei 600 Watt erhitzen, die Trockenpilze damit übergießen und 2-3 Stunden quellen lassen. Sie erreichen dabei das 4- bis 5-fache ihres Volumens. Danach in ein Sieb geben, gut abbrausen und streifig schneiden. 3/4 l Wasser in einer runden Schüssel zusammen mit Salz und 1 TL Öl zugedeckt 6 Minuten bei 600 Watt erhitzen. Die Nudeln hinzufügen und zugedeckt 3 Minuten bei 600 Watt erhitzen, danach 12 Minuten bei 180 Watt fertiggaren. Die Nudeln durch ein Sieb abgießen und warmstellen. Das Schweinefleisch in dünne Scheiben schneiden, in einer Mischung aus 1 TL Sojasauce, Sherry und Speisestärke wenden und 20 Minuten marinieren. Die Frühlingszwiebeln in dünne Ringe schneiden, die Karotte fein stifteln. Den frischen Spinat verlesen und in etwa 2 cm lange Stücke schneiden (tiefgekühlten Spinat ohne Auftauen verwenden). Nun das restliche Öl in eine ovale Schüssel geben, das marinierte Fleisch hinzufügen und zugedeckt 3 Minuten bei 600 Watt garen, dabei einmal umrühren. Das vorbereitete Gemüse daruntermengen, mit Brühe und 1 TL Sojasauce aufgießen, salzen und pfeffern. Alles zugedeckt 8 Minuten bei 600 Watt garen, dabei ein- bis zweimal umrühren. Zum Schluß die gegarten Nudeln unterrühren.

Garzeit: *23 Minuten/600 Watt; 12 Minuten/ 180 Watt*

Staudensellerie mit Schweinefleisch süß-sauer

300 g Schweinenacken
300 g geputzter Staudensellerie
3 EL Sojasauce
2 EL Sherry (Medium)
1/2 EL Speisestärke
1 Msp. Pfeffer
2 EL Erdnußöl
1/2 Tasse Fleischbrühe
Zucker
Essig nach Geschmack
Salz zum Nachwürzen

Das Schweinefleisch in 1 cm breite Streifen schneiden. Staudensellerie gut waschen und in 1 cm breite Streifen schneiden. Je 1 EL Sojasauce und Sherry mit der Speisestärke und Pfeffer verrühren, das Fleisch darin wenden. Öl in eine Schale mit höherem Rand geben, das Fleisch darauflegen und 10 Minuten bei 600 Watt ohne Deckel garen. Dann die Staudensellerie-Stücke hinzufügen. Brühe mit restlicher Sojasauce und Sherry darübergießen und zugedeckt weitere 10 Minuten bei 180 Watt garen. Mit Zucker, Essig und Salz abschmecken und nochmals 2 Minuten bei 600 Watt erhitzen.

Garzeit: *12 Minuten/600 Watt; 10 Minuten/ 180 Watt*

Leber auf China-Art

150 g Kalbsleber
2 TL Speisestärke
2 EL trockener Sherry
2 EL Sojasauce
1 orangerote Paprikaschote
3 Schalotten
2 EL Fleischbrühe (Instant)
Salz
etwas geriebene frische Ingwerknolle
1 EL Erdnußöl
4-5 EL Wasser
1 Msp. Glutamat
1/2 kleine Knoblauchzehe

Die Leber von Haut und Adern befreien und schnetzeln (in Streifen schneiden). 1 TL Speisestärke mit 1 EL Sherry und 1 EL Sojasauce verrühren und unter die Leber heben. Diese 30 Minuten marinieren lassen. Die Paprikaschote ausputzen, waschen, in kleine Würfel schneiden, die Schalotten oder Perlzwiebeln schälen und längs halbieren. Zusammen mit den Paprikawürfeln und der Fleischbrühe bei 600 Watt zugedeckt 5 Minuten garen. Mit Salz und Ingwer würzen und abgedeckt stehen lassen. Die Leberstreifen in einem zweiten flachen Gefäß, mit dem Öl beträufelt, 2 Minuten bei 600 Watt garen, nach 2 Minuten wenden. Warmstellen. Restliche Speisestärke, Sherry und Sojasauce mit dem Wasser in einem kleineren Gefäß verrühren und bei 600 Watt 3 Minuten erhitzen. Mit Glutamat und durch die Presse gedrücktem Knoblauch würzen. Diese Sauce über die Leber gießen und mit dem Gemüse sowie Reis zu Tisch geben.

Garzeit: *10 Minuten/600 Watt*

limited bottling by Buena
A. Racke · Gegr.
STAINLESS STEEL JAPAN

Schweinenieren mit Tofu

2 Schweinenieren
1/8 l Reiswein oder trockener Sherry
1/8 l Wasser
3 EL Öl
1 kleine Knoblauchzehe
1/8 l Hühnerbrühe (Instant)
1 EL Sojasauce
1 TL Speisestärke
1/2 TL Zucker
2 El Essig
Salz
frisch gemahlener schwarzer Pfeffer
1 TL Sesamöl
100 g Tofu (Bohnenquark)
1/2 Bund Schnittlauch

Die Schweinenieren gut wässern. Die Haut abziehen, die Nieren aufschneiden und das Innere sorgfältig von Fett und Adern befreien. Die Nierenhälften in dünne Scheiben schneiden, diese nochmals abspülen und für 30 Minuten in eine Mischung aus Reiswein oder Sherry und der gleichen Menge Wasser legen. Danach abtropfen lassen und trockentupfen, mit 1 EL Öl in eine niedrige Form geben, die Knoblauchzehe durch die Presse dazudrücken und die Nieren offen 6 Minuten bei 600 Watt garen, einmal wenden. Hühnerbrühe mit Sojasauce, Speisestärke, Zucker und Essig verrühren und darübergießen. Nochmals 4 Minuten bei 600 Watt zugedeckt garen. In der Zwischenzeit den Tofu in Würfelchen schneiden und diese in der Pfanne auf der Herdplatte mit den restlichen 2 EL Öl goldgelb braten, leicht salzen. Das Nierengericht mit Pfeffer, eventuell Salz und Sesamöl würzen und die gebratenen Tofuwürfel sowie den feingeschnittenen Schnittlauch darüberstreuen. Dazu Reis servieren.

***Garzeit:** 10 Minuten/600 Watt*

Schweinefilet mit Erdnußsauce

***Kombi**

250 g Schweinefilet
2 EL Sojasauce
2 EL Sojaöl
25 g geschälte Erdnüsse
4 EL Salzwasser
100 g geputzte Broccoli-Röschen
Für die Sauce:
15 g Erdnußcreme
1 TL brauner Zucker
3-4 Tropfen Tabascosauce
1 EL Sojasauce
1 EL trockener Sherry
4 EL Wasser

Das Schweinefilet in dünne Scheiben schneiden, in 2 EL Sojasauce und 1/2 EL Sojaöl 15 Minuten marinieren lassen. Die Erdnüsse fein hacken und in 1/2 EL Sojaöl in der Pfanne rösten, dann beiseite stellen. Für die Sauce die Erdnußcreme, den Zucker, die Tabascosauce, die Sojasauce und den Sherry in einer kleinen Schüssel verrühren, das heiße Wasser langsam unterrühren, warmstellen.
Die zerkleinerten Broccoli-Röschen mit Salzwasser bei 600 Watt 6 Minuten garen, dann 2 Minuten nachgaren lassen. Die Filetscheiben mit dem restlichen Sojaöl bepinseln. Unter dem Grill 3 Minuten beidseitig grillen. Die restliche Marinade 1 Minute bei 600 Watt erhitzen und dann über das warmgestellte Fleisch gießen. Mit Broccoli-Röschen, bestreut mit gehackten Erdnüssen, sowie wildem Reis servieren.

Garzeit: *Broccoli 6 Minuten/600 Watt; Fleisch 3 Minuten/Grillstellung; Marinade 1 Minute/600 Watt*

Nachgarzeit: *2 Minuten*

Schweinefilet mit Erdnußsauce (US-Meat)

Gegrille Koteletts mit Sojabohnensauce

***Kombi**

2 Schweinekoteletts
1 EL chinesischer Reiswein (oder Sherry)
3 EL Sojasauce
1 EL Essig
1 EL Honig
1 Stück Ingwerknolle
etwas Glutamat
1 TL Erdnußöl
4 Frühlingszwiebeln (oder 2 Stangen Lauch)

Die Schweinekoteletts in einer Mischung aus Reiswein, Sojasauce, Essig, Honig, geriebenem Ingwer, Glutamat und Erdnußöl etwa 30 Minuten marinieren. Trokkentupfen und auf den Grillrost legen. Im gut vorgeheizten Mikrowellenherd 4 Minuten bei 600 Watt und zugeschalteter Grillstellung grillen. Dabei ein- bis zweimal wenden und mit der Marinade einpinseln. Das abgekühlte Fleisch vom Knochen lösen und in sehr feine Streifen schneiden. Zusammen mit der restlichen Marinade und den in feine Streifen geschnittenen Frühlingszwiebeln in eine Schüssel geben und zugedeckt 2 Minuten bei 600 Watt garen, dabei einmal umrühren. Dazu paßt gebratener Reis.

Garzeit: *6 Minuten/600 Watt + 4 Minuten Grillstellung*

Anmerkung: *Eine beliebte Variante in China ist es, wenn man zusätzlich Fleischreste (in Würfel geschnitten), Erbsen oder gehackte Schnittlauchröllchen unterhebt. Damit der Reis schön weiß bleibt, wird dieses Gericht nicht mit Sojasauce, sondern mit Salz oder Glutamat gewürzt.*

Hackfleisch mit Rettich

250 g gemischtes Hackfleisch
1 EL Sesamöl
1 EL Sojabohnensauce
1 Knoblauchzehe
250 g Rettich
0,1 l trockener Sherry oder Weißwein
2 TL Speisestärke
evtl. Sojasauce

Das Hackfleisch zusammen mit dem Sesamöl in eine Schüssel geben. Sojabohnensauce und zerdrückte Knoblauchzehe darunterrühren. Den Rettich feinstreifig schneiden und hinzufügen. Die mit Sherry angerührte Speisestärke daruntermischen und zugedeckt 5 Minuten bei 600 Watt garen, dabei ein- bis zweimal umrühren. Vor dem Servieren mit dem restlichen Sesamöl vermischen und nach Belieben mit Sojasauce zusätzlich würzen. Wahlweise mit gegartem Reis oder gegarten Glasnudeln servieren.

Garzeit: *5 Minuten/600 Watt*

Marinierte Spareribs

***Kombi**

300 g Spareribs (Rippchen)
4 EL Sojasauce
4 EL Reiswein oder trockener Sherry
1 EL Essig, 1 TL Honig
2 Frühlingszwiebeln
etwas geriebene frische Ingwerknolle
frisch gemahlener schwarzer Pfeffer
Cayennepfeffer
Öl zum Bepinseln
evtl. Salz

Die Spareribs nach dem Waschen trokkentupfen. Aus Sojasauce, Reiswein oder Sherry, Essig, Honig, fein geschnittenen Frühlingszwiebeln, Ingwer, Pfeffer und

Cayenne eine Marinade rühren und über die in eine Schüssel gelegten Spareribs gießen. 30 Minuten marinieren lassen. Das Mikrowellengerät gut vorheizen. Die Spareribs trockentupfen und auf den geölten Grillrost legen. Bei Grillstellung 4 Minuten unter Wenden grillen, dabei mit der Marinade bestreichen. Die gegrillen Spareribs bei Bedarf salzen. Dazu mit Pfeffer und Sternanis gewürzten, gegarten Reis servieren.

Garzeit: *4 Minuten/Grillstellung*

Beilagen auf einen Blick:

80 g Nudeln (Instant): mit heißem Wasser (3 Minuten/600 Watt) übergießen, 3-4 Minuten ziehen lassen. Das Garen von Nudeln (z.B. deutsche oder italienische Teigwaren) empfiehlt sich auf herkömmliche Art vorzunehmen, da das Garen mit der Mikrowelle keine Zeitersparnis bringt.

80 g Glasnudeln: in ausreichend kaltem Wasser einweichen, durch ein Sieb abgießen. Mit der Haushaltsschere in Stücke schneiden, mit heißem Salzwasser übergießen und etwa 1 Minute ziehen lassen. Vor dem Servieren durch ein Sieb abtropfen lassen. Glasnudelreste wirken zäh und klebrig, sie können jedoch zusammen mit 1–2 TL Wasser zugedeckt ½ Minute bei 600 Watt erneut erwärmt werden und schmecken dann wie frisch zubereitet.

15 g getrocknete Shii-Take-Pilze: mit ½ l Wasser in einer Glasschüssel zugedeckt 3 Minuten bei 600 Watt erhitzen, etwa 20 Minuten ausquellen lassen. Danach in ein Sieb geben, gut abbrausen und streifig schneiden.

Gegarter Reis (Grundrezept)

150 g Reis
1 Prise Salz
0,2 l Wasser

Den Reis in eine Schüssel geben, das Salzwasser hinzufügen und zugedeckt 4 Minuten bei 600 Watt erhitzen, danach zugedeckt 12 Minuten bei 180 Watt garen, dabei nicht umrühren. 2 Minuten nachgaren bzw. ausquellen lassen.

Garzeit: *4 Minuten/600 Watt; 12 Minuten/ 180 Watt*

Nachgarzeit: *2 Minuten*

Tip: *Ersetzen Sie einen Teil der Flüssigkeit z.B. durch Sojasauce, trockenen Sherry oder Weißwein. Auch Marinaden, die vom Aromatisieren von Fleisch oder Fisch übrig geblieben sind, können zum Garen von Reis verwendet werden. Besonders abwechslungsreich schmeckt Reis, wenn man z.B. Zuckererbsen, Bohnenkelme oder andere fein zerkleinerte Gemüse daruntermischt. Perl-Erdnüsse oder gehackte Mandeln eignen sich ebenfalls, um Reis variantenreich zu servieren. Damit der Reis eine schöne hellgelbe Farbe bekommt, verwendet man gerne Kurkuma. In China eine sehr beliebte Variante: Den gegarten Reis mit wenig Öl in der Pfanne braten, nach Belieben würzen und mit verschiedenen Gemüse-, Fleisch- oder Fischbeilagen reichen.*

Schweinefleisch nach "Wuhan"-Art

300 g Schweinenacken
1-2 EL Sojasauce
1 Knoblauchzehe
1 Prise Cayennepfeffer
1 rote Paprikaschote
1 grüne Paprikaschote
2 EL Sesamöl
1/8 l Fleischbrühe (Instant)
1 Stückchen frische Ingwerknolle
60 g Perl-Erdnüsse
Für die Garnierung: Petersilie-Sträußchen

Das Schweinefleisch gegen die Faser in dünne Streifen schneiden und in einer Mischung aus Sojasauce, feinstreifig geschnittener Knoblauchzehe und Cayennepfeffer marinieren. Die entkernten Paprikaschoten in dünne Streifen schneiden. Das Sesamöl in eine runde Schüssel geben, das Fleisch mit Marinade und das vorbereitete Gemüse hinzufügen, mit Fleischbrühe aufgießen, mit geriebenem Ingwer bestreuen. Zugedeckt 10 Minuten bei 600 Watt garen, dabei zweimal umrühren und 1 Minute nachgaren. Die Perl-Erdnüsse unterheben und mit Petersilie-Sträußchen garnieren. Dazu passen fertig gegarte Glasnudeln.

Garzeit: *10 Minuten/600 Watt*

Nachgarzeit: *1 Minute*

Bunter Fleisch-Gemüsetopf

15 g getrocknete chinesische Baumpilze
300 g Rinderfilet
2 EL Sojasauce
1 rote Paprikaschote (100 g)
1 Stange Lauch (Porree)
200 g Bambussprossen (aus dem Glas)
175 g Bohnenkeime (aus dem Glas)
2 EL Öl
1/8 l Weißwein
1 TL Chinagewürz

1/2 l Wasser in einer Glasschüssel zugedeckt 3 Minuten bei 600 Watt erhitzen, die Trockenpilze damit übergießen und 2-3 Stunden quellen lassen. Sie erreichen dabei das 4- bis 5-fache ihres Volumens. Danach in ein Sieb geben, gut abbrausen und streifig schneiden. Das Rinderfilet in feine Scheiben schneiden und in der Sojasauce marinieren. Die entkernte Paprikaschote und den Lauch in feine Ringe bzw. in Stücke schneiden. Die Bambussprossen und die Bohnenkeime gut abtropfen lassen. Das Sojaöl in eine runde Schüssel geben, alle Zutaten hinzufügen, mit Weißwein aufgießen, mit Chinagewürz bestreuen und alles gut vermengen. Zugedeckt 4 Minuten garen, dabei ein- bis zweimal umrühren, 2 Minuten nachgaren. Dazu Kurkuma-Reis servieren.

Garzeit: *4 Minuten/600 Watt*

Nachgarzeit: *2 Minuten*

Schweinefleisch nach "Wuhan"-Art (Bahlsen)

Chinatopf auf Eiernudeln

200 g Rinderfilet
1 EL Sojasauce
1 TL Glutamat, 1 EL Essig
2 TL brauner Zucker
2 EL Sesamöl
150 g TK-Gemüsemischung (entweder Balkanart oder chinesische Art)
2 EL Wasser
175 g Bohnenkeime (aus dem Glas)
140 g Wasserkastanien (aus der Dose), schwarzer Pfeffer
1 EL Speisestärke
1/8 l Fleischbrühe (Instant)
100 g (Rohgewicht) Eiernudeln
Salzwasser
Öl zum Braten

Das Fleisch schnetzeln, mit Sojasauce, Glutamat, Essig, braunem Zucker und 1 EL Sesamöl 30 Minuten marinieren lassen. Das TK-Gemüse unaufgetaut in ein Gefäß geben, mit dem Wasser und dem zweiten EL Sesamöl beträufeln und 6 Minuten zugedeckt bei 600 Watt garen. Dann die Bohnenkeime und die in Scheiben geschnittenen Wasserkastanien hinzugeben, das Fleisch obenauf legen, pfeffern und 5 Minuten offen bei 600 Watt garen, nach 3 Minuten einmal umwenden und die mit der Speisestärke verrührte Fleischbrühe darübergießen, dann fertiggaren. Inzwischen die Eiernudeln in reichlich Salzwasser bißfest kochen, abtropfen lassen und in einer Pfanne mit Öl auf der Herdplatte goldgelb braten. Das Fleisch-Gemüsegericht auf den Nudeln anrichten.

Garzeit: *11 Minuten/600 Watt*

Wursttopf mit süß-saurer Sauce

15 g getrocknete chinesische Baumpilze
1 Karotte (50 g)
1 grüne Paprikaschote (150 g)
100 g Bambussprossen (aus dem Glas)
75 g Bohnenkeime (aus dem Glas)
250 g kalorienreduzierte Fleischwurst
1 EL Öl
2 EL Sojasauce
1 EL Honig
2 EL Obstessig
0,1 l Fleischbrühe (Instant)
Salz, Cayennepfeffer, geriebene Ingwerknolle, Glutamat

1/2 l Wasser in einer Glasschüssel zugedeckt 3 Minuten bei 600 Watt erhitzen, die Trockenpilze damit übergießen und 2-3 Stunden quellen lassen. Sie erreichen dabei das 4- bis 5-fache ihres Volumens. Danach in ein Sieb geben, gut abbrausen und streifig schneiden. Die Karotte und die entkernte Paprikaschote in feine Streifen schneiden. Die Bambussprossen und Bohnenkeime gut abtropfen lassen. Die Fleischwurst in nicht zu kurze dünne Streifen schneiden. Das Erdnußöl in eine ovale Glasform geben, alle Zutaten, auch die abgetropften Pilze hinzufügen, eine Mischung aus Sojasauce, Honig und Essig bereiten und untermengen. Mit der Fleischbrühe aufgießen und zugedeckt 9 Minuten garen, dabei ein- bis zweimal umrühren. 2 Minuten nachgaren. Mit den Gewürzen abschmecken, dabei alles gut verrühren.

Garzeit: *11 Minuten/600 Watt*

Nachgarzeit: *2 Minuten*

Wursttopf mit süß-saurer Sauce (Du darfst)

Putenfleischwürfel mit Bohnenquark (Tofu)

20 g getrocknete chinesische Shii-Take-Pilze
300 g Putenfilet
150 g Bohnenquark (Tofu)
2 rote Pfefferschoten
2 Knoblauchzehen
3 EL Sojasauce
Glutamat

1/2 l Wasser in einer Glasschüssel zugedeckt 3 Minuten bei 600 Watt erhitzen, die Trockenpilze darin etwa 20 Minuten ausquellen lassen. Danach in ein Sieb geben, gut abbrausen und streifig schneiden. Das Putenfilet in hauchdünne Scheibchen schneiden, den Bohnenquark in kleine Würfel schneiden. Die entkernten Pfefferschoten und die Knoblauchzehen fein streifig schneiden. Alle vorbereiteten Zutaten in eine ovale Glasschüssel geben, eine Mischung aus Sojasauce und Glutamat bereiten und unter alles mischen, zugedeckt 7 Minuten bei 600 Watt garen, dabei zwei- bis dreimal umrühren.

Garzeit: *10 Minuten bei 600 Watt*

Nudeltopf mit Geflügel

80 g chinesische Nudeln (Instant)
1 Zwiebel
1 EL Sojaöl, Salz
1 gehäufter EL Speisestärke
0,1 l trockener Sherry
1 EL Obstessig
2 EL Sojasauce
1 grüne Paprikaschote
2 Karotten (100 g)
150 g gegartes Geflügelfleisch
100 g Bohnenkeime (aus dem Glas)
75 g Bambussprossen (aus dem Glas)

Etwa 1/2 l Wasser in eine Schüssel gießen und zugedeckt 4 Minuten bei 600 Watt erhitzen, die Nudeln hineingeben und 4 Minuten darin belassen. Danach durch ein Sieb abgießen und warmstellen. Die feingehackte Zwiebel im Öl zugedeckt 1 Minute bei 600 Watt glasig dünsten. Die Speisestärke darüber streuen. Mit Sherry, Obstessig und Sojasauce aufgießen und gut verrühren. Die entkernte, gewürfelte Paprikaschote sowie die feinstreifig geschnittenen Karotten darunter mischen und zugedeckt 4 Minuten bei 600 Watt garen, dabei einmal umrühren. Nun das gewürfelte Geflügelfleisch, die gut abgetropften Bohnenkeime und Bambussprossen daruntermischen und zugedeckt alles 2 Minuten bei 600 Watt erhitzen. Vor dem Servieren einmal umrühren, eventuell mit Salz und Cayennepfeffer nachwürzen. Dazu die Nudeln getrennt reichen oder unter die Gemüse-Fleisch-Mischungen ziehen.

Garzeit: *11 Minuten/600 Watt*

Nudeln mit Hühnerleber

200 g Hühnerleber
200 g frische Austernpilze
1 EL helle Sojasauce
1 kleine Zwiebel
1 EL Öl
4 EL Hühnerbrühe (Instant)
2 EL Reiswein oder Weißwein
1 TL Speisestärke, Salz
frisch gemahlener schwarzer Pfeffer
80 g Nudeln (Instant), Salzwasser
2 Stengel Petersilie

Die Hühnerleber von Fett und Adern befreien und in Scheiben schneiden. Die Austernpilze putzen und die Hüte in Streifen schneiden. Alles mit der Sojasauce beträufeln und 10 Minuten marinieren lassen. Die Zwiebel schälen und fein hacken, mit dem Öl in ein Gefäß geben und 5

Minuten bei 600 Watt erhitzen. Leber und Pilze hinzufügen und 4 Minuten bei 600 Watt garen, nach 2 Minuten wenden. Hühnerbrühe und Wein mit Speisestärke verrühren und zur Leber geben und weitere 4 Minuten bei 180 Watt zugedeckt garen. Mit Salz und Pfeffer abschmecken.
In der Zwischenzeit die Nudeln mit kochendheißem Salzwasser übergießen und 4 Minuten stehen lassen. Abtropfen lassen und mit der Leber vermengen. Mit gehackter Petersilie bestreut anrichten.

Garzeit: *9 Minuten/600 Watt; 4 Minuten/ 180 Watt*

Hähnchenwürfel mit Paprikaschoten

300 g Hähnchenfleisch
1 TL trockener Sherry
3 TL Speisestärke
3 Knoblauchzehen
1 rote und 1 grüne Paprikaschote
100 g Bohnenkeime (aus dem Glas)
0,1 l Hühnerbrühe (Instant)
1 EL Weißwein
2 EL Sojasauce
1 TL Sesamöl

Das Hähnchenfleisch in kleine Würfel schneiden. Den Sherry mit 1 TL Speisestärke verrühren und mit dem Hähnchenfleisch vermischen. In der Zwischenzeit die Knoblauchzehen zerdrücken, die entkernten Paprikaschoten sehr klein würfeln und die Bohnenkeime abtropfen lassen. Alles in eine runde Schüssel geben. Mit der Hühnerbrühe aufgießen, die restliche Speisestärke mit dem Weißwein vermischen und zusammen mit der Sojasauce unter die Zutaten rühren. Zugedeckt 6 Minuten bei 600 Watt garen, dabei zwei- bis dreimal verrühren.

Garzeit: *6 Minuten/600 Watt*

Ente auf Peking-Art (4 Personen)

1 küchenfertige Ente (ca. 1500 g)
Salz
schwarzer Pfeffer
Essig
4 EL trockener Sherry
2 EL Sojasauce
2 EL flüssiger Honig
1 TL Sesamöl
4 Frühlingszwiebeln oder dünne Lauchstangen
ca. 12-16 kleine, dünne Eierpfannkuchen (Crêpes)
Für die Sauce:
4 EL Hoi-Sin-Sauce
4 EL Wasser
1 TL Zucker
1 TL Sesamöl

Die Ente kalt abspülen, trockentupfen und innen und außen mit Salz und Pfeffer würzen sowie mit Essig einreiben (nimmt den Entengeruch). Mit der Brustseite nach unten in eine große Form legen und bei 180 Watt und 200-220 Grad C Ober-/Unterhitze 60-70 Minuten braten, dabei einmal wenden und eventuell ausgetretenes Fett abgießen. Sherry, Sojasauce, Honig und Sesamöl unter Rühren leicht erwärmen und die Ente während der Bratzeit mehrmals außen damit bestreichen. Die Entenhaut sollte schön kroß werden. In der Zwischenzeit die Frühlingszwiebeln oder Lauchstangen putzen, waschen, trockentupfen, in ca. 6 cm lange Streifen schneiden. Die Crêpes wie üblich zubereiten und warmstellen.
Die fertig gebratene Ente tranchieren und Brust und Keulen sowie eventuell abgelöste Haut in mundgerechte Stücke schneiden. Für die Sauce alle Zutaten leicht erwärmen und auf 4 Schälchen verteilen.

Garzeit: *60-70 Minuten/180 Watt + 200-220 Grad C Ober-/Unterhitze*

Lamm süß-sauer

300 g Lammfleisch (Filet)
2 EL Sojasauce
1 EL Öl
2 TL Speisestärke
1 TL Ingwerpulver
1 Msp. gemahlener Koriander
1 kleine Knoblauchzehe
100 g süß-saure Perlzwiebeln (aus dem Glas)
100 g Bambussprossen (aus der Dose)
Salz
Cayennepfeffer
evtl. Zucker nach Geschmack

Das Lammfilet schnetzeln (in schmale Streifen schneiden). Sojasauce, Öl, Speisestärke, Ingwerpulver, Koriander, durch die Presse gedrückten Knoblauch verrühren und unter das Fleisch ziehen. 30 Minuten marinieren lassen. Das Fleisch dann in eine Schale legen und 4-5 Minuten offen bei 600 Watt garen, dabei einmal wenden. Die Perlzwiebeln mit 4-6 EL Einlegeflüssigkeit sowie die in feine Streifen geschnittenen Bambussprossen hinzugeben und weitere 4 Minuten bei 180 Watt zugedeckt fertiggaren. Das Gericht mit Salz, Cayenne und eventuell Zucker abschmekken. Reis oder gebratene Eiernudeln dazu servieren.

Garzeit: *4-5 Minuten/600 Watt; 4 Minuten/180 Watt*

Gebackenes Hähnchen

***Kombi**

1 frisches Hähnchen (Poularde, ca. 1 kg)
1 Stange Lauch (Porree)
1 Stück frische Ingwerknolle
4 EL trockener Sherry
Glutamat
0,1 l Sojasauce
1 Prise Sternanis
2 EL Honig
2 EL Weißwein
2 EL Erdnußöl

Das Hähnchen innen und außen waschen, trockentupfen und mit einer Mischung aus fein streifig geschnittenem Lauch, geriebenem Ingwer, Sherry, Glutamat, Sojasauce und Sternanis innen und außen einreiben und marinieren. Mit Küchenkrepp gut trockentupfen und mit einer Mischung aus Honig, Weißwein und Erdnußöl einpinseln. Auf den Bratrost legen und im gut vorgeheizten Backofen bei 250 Grad C und zugeschalteter Mikrowelle (180 Watt) 28 Minuten backen. Dabei mehrmals wenden und zugleich mit der Honig-Weißwein-Öl-Mischung bepinseln. Halbieren und wahlweise mit gegartem Chinakohl, Lauch (Porree) oder Staudensellerie servieren.

Garzeit: *28 Minuten/180 Watt + 250 Grad C Ober-/Unterhitze*

Geflügelpfanne "Chinatown"

2 TL Öl
300 g Hähnchenbrustfilet
1 Glas (Einwaage 200 g) süß-saure Kürbiswürfel
50 g getrockente Datteln
350 ml Wasser
1 Beutel Fix-Produkt für China-Pfanne
250 g Chinakohl

Ein halbhohes Gefäß mit dem Öl ausstreichen. Das Hähnchenfleisch waschen, trokkentupfen, in Streifen schneiden und darauflegen. 3 Minuten offen bei 600 Watt garen. Den abgetropften, in flache Würfel geschnittenen Kürbis und die entsteinten, in Streifen geschnittenen Datteln sowie das Wasser zum Fleisch geben. Das Fix-Produkt einrühren und 5 Minuten bei 600 Watt garen, währenddessen einmal umrühren. Den geputzten, gewaschenen Chinakohl in feine Streifen schneiden, unterheben und in 1 Minute bei 600 Watt heiß werden lassen.

Garzeit: *9 Minuten/600 Watt*

Geflügelpfanne "Hongkong"

50 g geräucherter, durchwachsener Speck
1 EL Öl
300 g Putenfilet
250 g Möhren
250 g Chinakohl
1 Apfel
350 ml Wasser
1 Beutel Fix-Produkt für China-Pfanne
25 g Cashewkerne

Den Speck in kleine Würfel schneiden und mit dem Öl 4 Minuten bei 600 Watt erhitzen. Das Putenfilet in Streifen schneiden, dazugeben und weitere 4 Minuten bei 600 Watt garen, einmal wenden. Inzwischen Möhren und Chinakohl putzen, waschen und in Streifen schneiden, den Apfel schälen, entkernen und in dünne Spalten schneiden. Alles zum Fleisch geben, mit dem Wasser aufgießen, das Fix-Produkt einrühren und 5 Minuten zugedeckt bei 600 Watt garen. Die grob gehackten Cashewkerne einrühren und das Gericht mit Reis servieren.

Garzeit: *13 Minuten/600 Watt*

Gegrillte Hähnchenflügel

***Kombi**

4 frische Hähnchenflügel
2 EL Sesamöl
2 EL Sojasauce
1 EL Essig
1 EL Honig
1 Knoblauchzehe
1 Stückchen Ingwerknolle

Die Hähnchenflügel in einer Mischung aus Sesamöl, Sojasauce, Essig, Honig, zerdrückter Knoblauchzehe und geriebenem Ingwer etwa 15 Minuten marinieren. Abtropfen lassen, auf den Grillrost legen und im gut vorgeheizten Mikrowellengerät bei Grillstellung und zugeschalteter Mikrowelle 4 Minuten grillen. Dabei zwei- bis dreimal wenden und immer wieder mit der Marinade einpinseln. Schmeckt kalt oder warm, zu gegartem Reis oder Nudeln.

Garzeit: *4 Minuten/600 Watt + Grillstellung*

Tip: *Fix-Produkte, die schnellen Helfer in der Küche, mit deren Hilfe man vor allem Saucen und Ragouts zubereiten kann, gibt es neuerdings auch in exotischen Geschmacksrichtungen. Produkte für Gerichte auf China-Art enthalten neben getrockneten Gemüsen und chinesischen Pilzen fein abgestimmte edle Gewürze, Sojasauce, gehärtetes Fett, Stärke, Zucker usw. Man gibt geschnetzeltes Fleisch, weitere frische Gemüse und Früchte, Sherry nach Belieben hinzu.*

Ente mit Bandnudeln

10 g getrocknete chinesische Pilze (Mu-err) ***Kombi**
1 Entenbrust
150 g Wirsing
100 g Porree (Lauch)
1/2 rote Paprikaschote
75 g Karotten, 3 EL Öl
1 kleine Knoblauchzehe
75 g Bohnenkeime (aus dem Glas)
50 g Bambussprossen (aus der Dose)
1/8 l Geflügelbrühe (Instant)
1 TL Speisestärke
1-2 EL Sojasauce
je 1 Spritzer Essig und Sherry
Salz
frisch gemahlener schwarzer Pfeffer
100 g (Rohgewicht) schmale Bandnudeln (Eiernudeln)

Die Pilze in reichlich warmem Wasser ca. 30 Minuten quellen lassen, unter fließendem kalten Wasser säubern und etwas auseinanderzupfen. Dann 3 Minuten in der Mikrowelle bei 600 Watt in 1/4 l Wasser garen. Abtropfen lassen. Die Entenbrust enthäuten und das Fleisch in feine Streifen schneiden. Den Wirsing, den Porree, die Paprikaschote und die Karotten putzen bzw. schälen, waschen und in feine Streifen schneiden. Den Wirsing und die Karotten blanchieren. Die Entenbruststreifen mit 1 EL Öl beträufelt in einer flachen Schüssel 3 Minuten bei Grillstellung braten. Einmal umwenden. Paprikastreifen mit 1 EL Öl in einem offenen Gefäß 2 Minuten bei 600 Watt garen. Dann das restliche Gemüse, die zerdrückte Knoblauchzehe, die Pilze, die Bohnenkeime und in Streifen geschnittenen Bambussprossen hinzufügen. Geflügelbrühe mit Speisestärke, Sojasauce, Essig, Sherry, Salz und Pfeffer verrühren, darübergießen und weitere 3 Minuten bei 600 Watt zugedeckt garen. Das Gemüse soll noch "Biß" haben. Parallel die Bandnudeln auf der Herdplatte in 1 1/2 - 2 l kochendem Salzwasser mit 1 EL Öl 7 Minuten unter Umrühren leicht sprudelnd kochen lassen. Kurz abschrecken, abtropfen lassen und in den Topf zurückschütten. Die Entenbruststreifen, das Gemüse und die Nudeln miteinander mischen und nochmals 2 Minuten zugedeckt bei 600 Watt erhitzen.

Garzeit: *10 Minuten/600 Watt*
3 Minuten/Grillstellung

Puten-Pfanne

200 g Putenschnitzel oder -filet
1 EL helle Sojasauce
1 EL Reiswein oder trockener Sherry
1-2 EL Keimöl
1 Stück Staudensellerie (125 g)
1 Möhre, 50 g Erbsen (TK oder Dose)
etwas geriebene frische Ingwerknolle
1/2 Orange
75-100 g Bohnenkeime (aus dem Glas)
Salz, Pfeffer
1 TL brauner Zucker
Sojasauce zum Abschmecken

Putenfleisch in dünne Scheibchen schneiden, in eine Schüssel geben und mit Sojasauce sowie Reiswein oder Sherry mindestens 30 Minuten marinieren lassen. Staudensellerie und Möhre putzen, waschen und in dünne Scheiben oder kleine Würfel schneiden. Erbsen antauen bzw. abtropfen lassen. Mit dem Ingwer verrühren. Orange schälen, filetieren und den Saft auffangen. Öl und Gemüse in ein Gefäß geben, den Orangensaft hinzufügen und zugedeckt bei 600 Watt 6 Minuten garen. Das Fleisch darauflegen und 3 Minuten bei 600 Watt weitergaren. Zum Schluß Orangenfilets und abgetropfte Bohnenkeime zugeben und alles 1 Minute bei 600 Watt erwärmen. Vermengen und mit den restlichen Zutaten pikant abschmecken.

Garzeit: *10 Minuten/600 Watt*

Ente mit Bandnudeln (Birkel)

Spinat mit Hähnchenfleisch

300 g frisches Hähnchenfleisch
1 TL Speisestärke
2 EL Weißwein
2 EL helle Sojasauce
1 TL geriebene frische Ingwerknolle
1 TL Sesamöl
300 g frischer Spinat (oder TK-Blattspinat)
1 EL würzig pikante Erdnüsse

Das Hähnchenfleisch in dünne Streifen schneiden und in einer Mischung aus Speisestärke, Weißwein, Sojasauce, Ingwer und Sesamöl etwa 15 Minuten marinieren lassen. Dabei das Fleisch hin und wieder umrühren. In der Zwischenzeit den frischen Spinat (TK-Ware antauen - siehe "Anmerkung" unten) verlesen, waschen und gut trockenschwenken. Das marinierte Hähnchenfleisch in eine ovale Schüssel geben und zugedeckt 3 Minuten bei 600 Watt garen, danach gut umrühren, den vorbereiteten Spinat hinzufügen und weitere 4 Minuten bei 600 Watt garen, dabei ein- bis zweimal umrühren. Vor dem Servieren die Erdnüsse unterheben. Dazu passen gegarte Glasnudeln.

Garzeit: *7 Minuten/600 Watt*

Anmerkung: *Tiefgefrorenen Blattspinat in einem Extra-Gefäß zusammen mit 3-4 EL Wasser zugedeckt 6 Minuten bei 180 Watt antauen und erst dann zum Hähnchen geben.*

Hähnchen auf Sojakeimen

***Kombi**

3 EL japanische Sojasauce
1 TL Sesamöl
2 TL Zucker
2 EL Reiswein oder Sherry
2 ausgelöste Hühnerbrüstchen (mit Haut)
1 EL Keimöl
1 Scheibe Ingwerknolle (2 cm stark)
1 kleine Knoblauchzehe
2 Schalotten
250 g Bohnenkeime (aus dem JGlas)
2 EL Hühnerbrühe (Instant)
Pfeffer, 1 Frühlingszwiebel

Für die Marinade 2 EL Sojasauce, das Sesamöl, den Zucker und den Reiswein aufkochen, bis der Zucker gelöst ist, dann etwas abkühlen lassen. Die Hühnerbrüstchen gleichmäßig mit der Marinade übergießen und 24 Stunden darin belassen. Am nächsten Tag die Brüstchen abtropfen lassen. Mit Marinade bepinselt grillen oder bei 220 Grad C Ober-/Unterhitze auf dem Rost 10 Minuten braten, dann in Alufolie gewickelt noch einige Minuten ziehen lassen.
Inzwischen in ein Gefäß mit dem Öl den feingehackten Ingwer, Knoblauch und Schalotte geben, 3 Minuten bei 600 Watt erhitzen, dann die Bohnenkeime zugeben und die Hühnerbrühe angießen. Mit Pfeffer und der restlichen Sojasauce würzen und nochmals 1 Minute bei 600 Watt erhitzen. Die in feine Ringe geschnittene Frühlingszwiebel untermengen. Auf eine Platte legen und die quer in dünne Scheiben geschnittenen Hühnerbrüstchen dachziegelartig darauf anrichten. Sofort servieren.

Garzeit: *Hühnerbrüstchen 10 Minuten/ 220 Grad C Ober-/Unterhitze; Bohnenkeime 4 Minuten/600 Watt*

Hähnchenfleisch auf gemischtem Gemüse

15 g getrocknete chinesische Baumpilze
300 g ausgelöstes Hähnchenfleisch (z.B. Hähnchenbrustfilet)
2 EL Sojasauce
1 kleine Zwiebel
2 Stangen Lauch (Porree)
200 g Zuckererbsen (wahlweise feine Erbsen aus der Dose)
1 Stück Sellerie
1 EL Erdnußöl
1/8 l Weißwein
1-2 EL trockener Sherry
1 TL Zucker
1/2 TL Salz

1/2 l Wasser in einer Glasschüssel zugedeckt 3 Minuten bei 600 Watt erhitzen, die Trockenpilze damit übergießen und 2-3 Stunden quellen lassen. Sie erreichen dabei das 4- bis 5-fache ihres Volumens. Danach in ein Sieb geben, gut abbrausen und streifig schneiden. Das Hähnchenfleisch quer zur Faser in hauchdünne Scheiben schneiden, in einer Mischung aus Sojasauce und feinwürfelig geschnittener Zwiebel marinieren. Den Lauch halbieren und in kleine rautenförmige Stücke schneiden. Den Sellerie feinstreifig schneiden. Das Erdnußöl in eine ovale Schüssel geben, das Hähnchenfleisch und das vorbereitete Gemüse hinzufügen, mit Weißwein und Sherry aufgießen, mit Zucker und Salz würzen. Zugedeckt 10 Minuten bei 600 Watt garen, dabei zwei-bis dreimal umrühren, 1 Minute nachgaren.

Garzeit: *13 Minuten/600 Watt*

Nachgarzeit: *1 Minute*

Anmerkung: *Das Original-Gericht wird mit chinesischen Baumpilzen, auch Judasohren genannt, zubereitet.*

Gebratene Hähnchenkeule mit Bananen-Ingwer-Gemüse

***Kombi**

2 Hähnchenkeulen (300 g)
2 EL Erdnußöl, 1 EL Sojasauce
300 g Möhren
3 Frühlingszwiebeln
etwas geriebene frische Ingwerknolle
Salz
1 Banane
4 EL Geflügelbrühe (Instant)
evtl. etwas Koriandergrün oder Zitronengras

Die Hähnchenkeulen mit einer Mischung aus 1 EL Öl und der Sojasauce rundherum bestreichen und 10 Minuten bei 200 Grad C und 180 Watt braten. Eventuell etwas Wasser angießen. Die Möhren schaben, waschen, in dünne Stifte schneiden, die geputzten, gewaschenen Frühlingszwiebeln in feine Ringe. Beides in einem kleinen Gefäß mit 1 EL Öl beträufeln, mit Ingwer und Salz würzen. Die in Scheiben geschnittene Banane sowie die Brühe hinzufügen und 6-7 Minuten bei 600 Watt garen. Das Gemüse zu den Hähnchenkeulen servieren, dazu Reis. Mit Koriandergrün oder Zitronengras bestreuen.

Garzeit: *Hähnchenkeulen 10 Minuten/180 Watt + 200 Grad C Ober- /Unterhitze; Gemüse 6-7 Minuten/600 Watt*

> **Tip:** *Gemüse stets smit 1-2 EL Flüssigkeit garen. Wer das Gemüse "mit Biß" mag, sollte die angegebenen Garzeiten etwas kürzer wählen.*

Kalbsstreifen mit Pilzen und Zucchinireis

60 g Schnellkochreis
1/2 TL Salz, 0,2 l Wasser
200 g Zucchini (geputzt gewogen)
2 TL Öl
2 kleine Kalbsschnitzel (250 g)
Salz
frisch gemahlener weißer Pfeffer
1/2 TL Ingwerpulver
200 g Austernpilze

Den Schnellkochreis mit dem Salzwasser in eine Schale geben und im Kombi-Gerät bei 600 Watt 6 Minuten garen. Inzwischen Zucchini sehr klein würfeln. Reis und Zucchini vermengen. Den Backofen auf 200 Grad vorheizen. Eine längliche Auflaufform mit Öl ausstreichen. Kalbsschnitzel in Streifen schneiden, mit Salz, Pfeffer und Ingwer würzen. Pilze kleinschneiden und unter das Fleisch mischen. In die Auflaufform geben, daneben den vorbereiteten Reis setzen. Bei 200 Grad und 180 Watt 6 Minuten garen.

Garzeit: *6 Minuten/600 Watt; 6 Minuten/ 180 Watt + 200 Grad C Ober-/Unterhitze*

Kleine Reistafel

1 EL Erdnußöl
1 kleine Zwiebel
1 kleine Stange Lauch (Porree)
1 kleine Peperoni
150 g Reis
2 TL Sojasauce
1 hartgekochtes Ei
1 Stück Salatgurke
2 Tomaten
150 g gegarter Schweinebraten
125 g Perl-Erdnüsse
2 EL Senfgurken

Das Erdnußöl in eine runde Schüssel geben. Die Zwiebel feinhacken, den Lauch in dünne Ringe schneiden und die entkernte Peperoni feinstreifig schneiden. Alles zugedeckt 2 Minuten bei 600 Watt dünsten und umrühren. Den Reis zusammen mit 0,2 l Wasser hinzufügen, zugedeckt 4 Minuten bei 600 Watt erhitzen, danach zugedeckt 12 Minuten bei 180 Watt garen, dabei nicht umrühren. 2 Minuten nachgaren lassen und mit der Sojasauce gut vermischen. In der Zwischenzeit das Ei pellen und feinhacken, die Gurke in Streifen schneiden, die Tomaten achteln. Das Schweinefleisch streifig schneiden. Jede Beilage in kleine Schüsselchen füllen, ebenso die Erdnüsse und die Senfgurken. Den fertiggegarten Reis in die Mitte des Tisches stellen, die Schüsselchen kreisförmig anordnen.

Garzeit: *6 Minuten/600 Watt; 12 Minuten/ 180 Watt*

Anmerkung: *Wer mag, kann zusätzlich eine chinesische süß-saure Sauce (Fertigprodukt) servieren. Sie besteht u.a. aus Reisweinessig, Zucker und Tomatenmark sowie aus verschiedenen Gewürzen.*

Kleine Reistafel (Amerikanischer Langkornreis)

Fischspezialitäten - würzig und pikant

Seezungenröllchen mit Pilzfarce

6 Seezungenfilets (je 65 g)
Saft von 1 Zitrone
1 Frühlingszwiebel
100 g frische Champignons
1 Möhre
1 EL Öl
1 TL Speisestärke, 4 EL Wasser
2 EL japanische Sojasauce
3 EL trockener Sherry
frisch gemahlener schwarzer Pfeffer
3 EL Fleischbrühe (Instant)

Die Seezungenfilets mit dem Zitronensaft beträufeln und 10 Minuten ziehen lassen. Frühlingszwiebel putzen, das Weiße würfeln, das Grüne in Ringe schneiden. Champignons und Möhre putzen und feinhakken, mit den Zwiebeln und dem Öl in eine Auflaufform geben und 2 Minuten bei 600 Watt offen garen. Speisestärke mit dem Wasser verrühren und unterrühren, weitere 3 Minuten bei 600 Watt garen. Die Seezungenfilets mit dieser Farce bestreichen, zu Röllchen drehen und hochkant in die Auflaufform stellen. Sojasauce, Sherry und Pfeffer mit der Brühe verrühren und diese um die Röllchen gießen. Bei 600 Watt 4 Minuten zugedeckt garen. Dazu paßt Reis.

Garzeit: *9 Minuten/600 Watt*

Nachgarzeit: *2 Minuten*

Karpfen mit Morcheln

4 getrocknete chinesische Morcheln
1 küchenfertiger Karpfen (ca. 1000 g)
Saft von 1 Zitrone
Salz
schwarzer Pfeffer
2 EL Sojasauce
4 Frühlingszwiebeln
1 EL Öl
4 EL Fisch- oder Fleischbrühe (Instant)
1 TL Speisestärke
1-2 EL Austernsauce

Die Morcheln mit 1/2 l Wasser in einer Schüssel bei 600 Watt 3 Minuten erhitzen, etwa 30 Minuten ausquellen lassen. Den Karpfen abspülen, Kopf, Schwanz und Flossen abschneiden und den Fisch filetieren. Die Filets mit einer Marinade aus Zitronensaft, Salz, Pfeffer und Sojasauce beträufeln und stehen lassen. Die Pilze waschen, die zähen Teile entfernen und die Morcheln in Streifen schneiden. Die Frühlingszwiebeln putzen, waschen, in feine Ringe schneiden und in eine mit Öl ausgestrichene Form geben. Die Pilzstreifen hinzufügen, die Brühe mit Speisestärke verrühren und darübergießen, 4 Minuten bei 600 Watt zugedeckt garen. Die Fischfilets auf das Gemüse legen, die Marinade sowie die Austernsauce darüberträufeln und zugedeckt nochmals 3 Minuten bei 600 Watt garen. 2 Minuten nachgaren lassen.

Garzeit: *7 Minuten/600 Watt*

Nachgarzeit: *2 Minuten*

Fünf-Farben-Fisch "Taipeh"

15 g getrocknete braune chinesische Pilze (Shii-Take)
1 große küchenfertige Forelle, Renke oder Makrele
2 TL Essig, Salz
20 g durchwachsener Speck
100 g grüne Bohnen (frisch oder TK)
1/2 rote Paprikaschote
100 g Bambussprossen (aus der Dose)
100 g Krabben (TK oder aus der Dose)
1 TL geriebene frische Ingwerknolle
1/8 l Fleisch- oder Fischbrühe (Instant)
1 TL Speisestärke
je 1/2 TL Glutamat und Zucker
Öl zum Braten
1 Bund krause Petersilie

Die Pilze mit 1/2 l Wasser in einer Schüssel zugedeckt 3 Minuten bei 600 Watt erhitzen, etwa 30 Minuten ausquellen lassen. Danach gut abspülen und in Streifen schneiden. Den Fisch mit 1 EL Essig und Salz würzen. Den Speck fein hacken und in ein Gefäß geben, 2 Minuten offen bei 600 Watt erhitzen. Bohnen und Paprikaschoten wenn nötig putzen und waschen, Bohnen halbieren, Schote in Streifen schneiden. Die in Streifen geschnittenen, abgetropften Bambussprossen, die Pilze, die Krabben und den geriebenen Ingwer mit dem Gemüse auf den Speck geben, 4 EL Brühe zugießen und 4 Minuten bei 600 Watt zugedeckt garen. Die restliche Brühe mit Speisestärke, Glutamat, Zucker und 1 TL Essig verrühren, über die Gemüse-Krabben-Mischung gießen und zugedeckt weitere 4 Minuten bei 600 Watt garen. Inzwischen den Fisch auf der Herdplatte in der Pfanne mit Öl braten. Auf eine vorgewärmte Platte legen, mit dem Gemüse bedekken und mit krauser Petersilie garnieren.

Garzeit: *13 Minuten/600 Watt; Elektro-/ Gasherd: 10–12 Minuten*

Backfisch "Chinesische Art"

1/4 l Fleischbrühe (Instant)
3 EL Essig
3 EL Sojasauce
3 TL Speisestärke
1 rote Paprikaschote
150 g eingelegter Kürbis (aus dem Glas)
Salz
weißer Pfeffer
1/2 TL geraspelte frische Ingwerknolle
10 g Öl
1 Pck. TK-Backfisch

Die Fleischbrühe mit Essig und Sojasauce vermischen, die Speisestärke darin glattrühren. Alles in eine runde Schüssel geben. Die entkernte Paprikaschote feinstreifig schneiden, zusammen mit dem abgetropften Kürbis zur Brühe geben, mit Salz, Pfeffer und Ingwer würzen. Zugedeckt 3 Minuten bei 600 Watt garen. In der Zwischenzeit das Öl in einer Pfanne (auf dem Elektro- oder Gasherd) erhitzen, den unaufgetauten Fisch direkt aus der Packung in das heiße Fett geben und bei schwacher Hitze 12-15 Minuten unter mehrmaligem Wenden goldbraun braten. Den Fisch auf eine vorgewärmte Platte legen und mit etwas Sauce begießen. Die restliche Sauce getrennt servieren. Als Beilage eignet sich gegarter Reis.

Garzeit: *3 Minuten/600 Watt; Elektro-/ Gasherd: 12-15 Minuten*

Backfisch süß-sauer

2 EL Öl
1 Packung TK-Backfisch
1 Knoblauchzehe
1/2 rote Paprikaschote
1/2 grüne Paprikaschote
1 Karotte
2 EL Weißwein
2 EL Essig
1 EL Sojasauce
1 TL Speisestärke
2 EL Ananasstücke (aus der Dose)
1 EL Honig

Das Öl in einer Pfanne (auf dem Elektro- oder Gasherd) erhitzen, den Fisch unaufgetaut hineingeben und unter mehrfachem Wenden bei mittlerer Hitze 15-20 Minuten braten. In der Zwischenzeit die Knoblauchzehe feinhacken. Die entkernten Paprikaschoten sowie die Karotte feinstreifig schneiden. Das Öl in eine runde Schüssel geben, Knoblauch und das vorbereitete Gemüse hinzufügen und zugedeckt 2 Minuten bei 600 Watt andünsten, dabei einmal umrühren. Weißwein, Essig und Sojasauce vermischen, die Speisestärke darin glattrühren, mit den abgetropften Ananasstücken und dem Honig vermischen, zum Gemüse geben und zugedeckt 2 Minuten bei 600 Watt garen, dabei einmal umrühren. Den Fisch auf einer Platte anrichten, die Sauce darübergeben und mit gegartem Reis servieren.

Garzeit: *4 Minuten/600 Watt; Elektro-Gasherd: 15-20 Minuten*

Kabeljau auf Gemüse (3-4 Personen)

1 ganzer küchenfertiger Kabeljau (800 g)
1 TL Salz
1/2 TL frisch geriebene Ingwerknolle
1 TL abgeriebene Mandarinenschale (unbehandelt)
1 EL Sojasauce
1 EL Honig
2 EL Obstessig
500 g Wirsing
1 mittelgroße Zwiebel
2 EL Sesamöl
1/8 l Fleischbrühe (Instant)
1/2 TL Glutamat
Pfeffer aus der Mühle
Salz

Den Kabeljau unter kaltem Wasser kurz waschen, mit Küchenkrepp trockentupfen und mit einem scharfen Messer auf beiden Seiten rautenförmig einschneiden. Salz, Ingwer und Mandarinenschale vermischen und den Kabeljau damit einreiben. Die Sojasauce mit Honig und Obstessig vermischen und den Kabeljau innen und außen damit bestreichen. Den Wirsing putzen, halbieren, vierteln und in sehr feine Streifen schneiden. Die Zwiebel feinwürfeln. Das Sesamöl zusammen mit der Zwiebel in einer Schüssel zugedeckt 1 Minute bei 600 Watt erhitzen, dabei einmal umrühren. Die Wirsingstreifen hinzufügen, mit Fleischbrühe aufgießen, mit Glutamat, Pfeffer und Salz würzen und den vorbereiteten Kabeljau obenauflegen. Zugedeckt 16 Minuten bei 600 Watt garen. Während der Garzeit den Kabeljau einmal vorsichtig wenden. Zum Schluß 3 Minuten nachgaren. Dazu paßt gegarter Reis.

Garzeit: *17 Minuten/600 Watt*

Nachgarzeit: *3 Minuten*

Backfisch süß-sauer (Langnese-Iglo)

Reis-Salat mit Fisch

1 EL Sesamöl
1 kleine Zwiebel
150 g Reis
0,2 l Gemüsebrühe (Instant)
2 Kabeljaufilets
Salz
Cayennepfeffer
1 Mango
2 Frühlingszwiebeln
2-3 EL Sojasauce

Das Sesamöl in eine runde Schüssel geben, feingehackte Zwiebel hinzufügen und zugedeckt 1 Minute bei 600 Watt erhitzen. Den Reis zusammen mit der Brühe hinzufügen, zugedeckt 4 Minuten bei 600 Watt erhitzen, danach 10 Minuten bei 180 Watt garen, dabei nicht umrühren; den zerpflückten Fisch obenauflegen und zugedeckt weitere 2 Minuten bei 600 Watt garen, 2 Minuten nachgaren und abkühlen lassen. In der Zwischenzeit die Mango vorsichtig schälen, mit einem Messer das Fruchtfleisch in dünne Spalten schneiden, den Kern entfernen und die Frühlingszwiebeln in feine Ringe schneiden. Alle vorbereiteten Zutaten zusammen mit der Sojasauce unter den Reis heben.

Garzeit: *17 Minuten/600 Watt; 12 Minuten/180 Watt*

Nachgarzeit: *2 Minuten*

Anmerkung: *Mangos sind in der chinesischen Küche so bekannt, wie bei uns z.B. Äpfel. Man erhält sie im Lebensmittelhandel zumeist als Dosenware, vielfach werden sie bei uns auch frisch angeboten.*

Forellen auf Gemüsebett

2 küchenfertige Forellen (je ca. 300 g)
2 EL Zitronensaft
2 EL japanische Sojasauce
1/2 Bund Petersilie
75 g Staudensellerie
75 g Lauch (Porree)
1 kleine Fenchelknolle (ca. 75 g)
1/2 Kohlrabi (ca. 60 g)
2 Möhren
2 EL Sojaöl
frisch gemahlener weißer Pfeffer
4 EL trockener Sherry

Die Forellen innen und außen abspülen und trockentupfen. Innen mit 1 EL Zitronensaft und 1 EL Sojasauce einpinseln, außen mit dem restlichen Zitronensaft bestreichen. Die Forellen mit der abgespülten Petersilie füllen. Das Gemüse putzen bzw. schälen, das Blattgrün zurücklegen. Das Gemüse in streichholzstarke Stifte schneiden, das gewaschene Blattgrün hacken. Das Gemüse mit dem Sojaöl in eine große, flache Auflaufform füllen, ebenso das Blattgrün. Die restliche Sojasauce daraufträufeln. Die Fische pfeffern und auf das Gemüsebett legen, Sherry zugeben und die Form mit einer mikrowellengeeigneten Folie abdecken. Nun bei 600 Watt 6 Minuten garen und 2 Minuten nachgaren lassen. Dann die Flüssigkeit abgießen, die Fische häuten und filetieren. Das Gemüse auf einer Platte anrichten und die Filets darauflegen. Den abgegossenen Fond nach Belieben mit Sojasauce abschmecken und als Sauce zum Fisch reichen. Dazu paßt Reis..

Garzeit: *6 Minuten/600 Watt*

Nachgarzeit: *2 Minuten*

Forellen auf Gemüsebett (Kikkoman)

schmeckt feiner
KIKKOMAN
Soya-Sauce
INHALT
140 ml

Scampi auf Spargelreis

***Kombi**

1 EL Sesamöl
1 kleine Zwiebel
1 kleine Karotte
150 g Reis
0,2 l Hühnerbrühe (Instant)
1/4 TL Kurkuma
200 g Spargelstücke (aus der Dose)
8 Scampi
1 EL Sojasauce
1 EL Honig
etwas geriebene frische Ingwerknolle
2 cl Weinbrand

Das Sesamöl in eine runde Schüssel geben, die feingehackte Zwiebel und die feinstreifig geschnittene Karotte hinzufügen und zugedeckt 2 Minuten bei 600 Watt garen, dabei einmal umrühren. Den Reis zusammen mit der Brühe hinzufügen, zugedeckt 4 Minuten bei 600 Watt erhitzen, danach 12 Minuten bei 180 Watt garen, dabei nicht umrühren, 2 Minuten nachgaren. Kurkuma und gut abgetropfte Spargelstücke unterheben, zugedeckt stehen lassen. In der Zwischenzeit die Scampi in einer Mischung aus Sojasauce, Honig, Ingwer und Weinbrand marinieren, trokkentupfen und auf den Grillrost legen. Im gut vorgeheizten Mikrowellengerät auf jeder Seite 1 Minute bei 600 Watt und Grillstufe grillen, dabei ein- bis zweimal mit der Marinade einpinseln. Die gegrillten Scampi auf dem Spargel-Reis anrichten. Dazu chinesische süß-saure Sauce reichen.

Garzeit: *6 Minuten/600 Watt; 1 Minute/600 Watt + Grillstufe; 12 Minuten/180 Watt*

Nachgarzeit: *2 Minuten*

Garnelen-Gemüse-Topf

200 g Lachs
4 Riesengarnelen
1 Zwiebel
1 Stück Sellerie
2 Knoblauchzehen
1 Stange Lauch (Porree)
1 Pfefferschote
2 EL Sesamöl
1 TL Speisestärke
1 EL chinesischer Reiswein oder trockener Sherry
50 g frische Zuckererbsen (oder feine Erbsen aus der Dose)
1/4 l Fleisch- oder Fischbrühe (Instant)
1 Prise gemahlener Sternanis

Den Lachs unter kaltem Wasser waschen, mit Küchenkrepp trockentupfen und in mundgerechte Stücke teilen. Die Garnelenschwänze schälen, abspülen, längs halbieren und den Darm entfernen. Beides kühlstellen. Die Zwiebel feinwürfeln, Sellerie und Knoblauchzehen feinstreifig schneiden, den Lauch in dünne Ringe und die entkernte Pfefferschote ebenfalls feinstreifig schneiden. Das Sesamöl in eine runde Schüssel geben, mit Speisestärke und Sherry vermischen, den Fisch und die Garnelen hinzufügen und zugedeckt 2 Minuten bei 600 Watt garen, dabei einmal umrühren. Das vorbereitete Gemüse sowie die Zuckererbsen hinzufügen, mit der Fleischbrühe aufgießen, mit Sternanis würzen. Zugedeckt 3 Minuten bei 600 Watt garen, 2 Minuten nachgaren.

Garzeit: *5 Minuten/600 Watt*

Nachgarzeit: *2 Minuten*

Anmerkung: *Bei Zugabe der doppelten Flüssigkeitsmenge ergibt das Gericht eine Suppe. Die Garzeit verlängert sich dabei auf insgesamt 8 Minuten.*

Krabbenragout im Reisrand

1 kleine Zwiebel
1 EL Öl
1 TL Chinagewürz
1/8 l Hühnerbrühe (Instant)
200 g Krabben (TK oder aus der Dose)
Salz
frisch gemahlener weißer Pfeffer
Cayennepfeffer
2 mittelgroße Bananen
Für den Reisrand:
75 g Reis
15 ml Salzwasser
1/2 kleine rote Paprikaschote
50 g TK-Erbsen
Öl für die Förmchen

Die Zwiebel feinhacken und mit dem Öl in einer flachen Schale bei 600 Watt 5 Minuten erhitzen. Das Chinagewürz darüberstreuen, mit der Brühe aufgießen und die Krabben hinzufügen. Mit Salz und Pfeffer würzen. Die Bananen in Scheibchen schneiden und in das Ragout rühren. Alles 3 Minuten bei 600 Watt garen.
Für den Reisrand den Reis im Salzwasser 4 Minuten bei 600 Watt erhitzen, dann 10 Minuten bei 180 Watt zugedeckt ausquellen lassen. Inzwischen die geputzte, gewaschene Paprikaschote in winzige Würfelchen schneiden und 5 Minuten vor Garzeitende mit den Erbsen unter den Reis mengen. 2 Minuten nachgaren. 4 Reisringförmchen mit Öl ausstreichen, den Reis hineindrücken. Auf 4 Teller stürzen und das Ragout in die Mitte füllen.

Garzeit: *Ragout 8 Minuten/600 Watt*
Reis: 4 Minuten/600 Watt; 10 Minuten/ 180 Watt

Nachgarzeit: *2 Minuten*

Fischwürfel auf Chinakohl

4 kleine Chinakohlblätter
200 g Rotbarschfilet
1 EL trockener Sherry
1 TL Sojasauce
Salz
Cayennepfeffer
2 Schalotten
1 kleine Stange Lauch (Porree)
1 TL Sesamöl
2 EL Weißwein
1 TL Speisestärke
1 EL Perl-Erdnüsse

1/2 l Wasser in eine Schüssel geben, zugedeckt 4 Minuten bei 600 Watt erhitzen, die Chinakohlblätter für 2-3 Minuten darin belassen, herausnehmen und in sehr kaltem Wasser blanchieren. Danach trokkentupfen. Den Fisch waschen, trockentupfen und mit einer Gabel zerpflücken. In einer Mischung aus Sherry, Sojasauce, Salz und Cayennepfeffer marinieren. In der Zwischenzeit die Schalotten und den Lauch fein streifig schneiden. Das Sesamöl in eine Schüssel geben, den Fisch mit Marinade sowie die Schalotten und Lauch hinzufügen und die mit Weißwein verrührte Speisestärke unterrühren. Alles zugedeckt 3 Minuten bei 600 Watt garen, dabei einmal umrühren und 2 Minuten nachgaren lassen. Den Fisch auf den Chinakohlblättern anrichten. Mit gehackten Erdnüssen bestreuen.

Garzeit: *7 Minuten/600 Watt*

Nachgarzeit: *2 Minuten*

Köstliches aus der Gemüse-Küche

Kohlrouladen chinesische Art

8 Chinakohlblätter
1 1/2 EL Speisestärke
200 g gemischtes Hackfleisch
1 Knoblauchzehe
1 EL trockener Sherry
40 g Krabbenfleisch (aus der Dose)
1 EL helle Sojasauce
1 Prise Salz, Pfeffer
0,1 l Weißwein

Die Chinakohlblätter in kochend heißem Wasser für etwa 1 1/2 Minuten belassen, herausnehmen und trockentupfen. Die Blätter auf etwa 12 cm Länge schneiden, den dicken Blattstengel evtl. flachschneiden, damit sich das Kohlblatt besser aufrollen läßt. Etwa 3-4 cm vom dicken Ende des Blattes ab den Chinakohl bis zur Blattspitze in Streifen von ca. 1 cm Breite schneiden und mit 2 TL Speisestärke bestreuen. Aus dem Hackfleisch, der zerdrückten Knoblauchzehe, Sherry und dem Krabbenfleisch einen Teig bereiten, würzen, in 8 Portionen teilen. Jeweils 1 Portion auf die dickere Seite des Kohlblattes legen und so aufrollen, daß die Füllung gut "verpackt" ist. Alle 8 vorbereiteten Kohlrouladen in eine runde Schüssel geben und kreisförmig anordnen. Restliche Speisestärke im Weißwein verrühren, zu den Rouladen geben und zugedeckt 8 Minuten bei 600 Watt garen, dabei die Kohlrouladen zwei- bis dreimal wenden. Dazu passen gegarte Glasnudeln, Chili-Püree oder Hoi-Sin-Sauce.

Garzeit: *8 Minuten/600 Watt*

Gemüsetopf "Fu Jian"

50 g Broccoli
50 g Blumenkohl
2 EL Zuckererbsen (frisch oder Dose)
1 EL Gemüsemais (aus der Dose)
1 Stange Lauch (Porree)
1 kleine rote Paprikaschote
1 kleiner Kohlrabi (200 g)
1 TL Speisestärke
2 TL Sojasauce
1/4 l Fleischbrühe (Instant)
1 Stückchen geriebene frische Ingwerknolle

Den Broccoli und den Blumenkohl in Röschen zerteilen. Die Zuckererbsen (aus der Dose) abtropfen lassen, ebenso den Gemüsemais. Die entkernte Paprikaschote und den geschälten Kohlrabi in dünne Streifen schneiden. Die Speisestärke mit Sojasauce in die Fleischbrühe einrühren und zusammen mit dem Gemüse in eine runde Glasschüssel geben, zugedeckt 6 Minuten bei 600 Watt garen, dabei ein- bis zweimal umrühren. Mit Ingwer aromatisieren, 1 Minute nachgaren.

Garzeit: *6 Minuten/600 Watt*

Nachgarzeit: *1 Minute*

Gemüsetopf "Fu Jian"
(Bahlsen)

Suppen - chinesischer Schlußpunkt

Süß-saure Bananensuppe

2 vollreife Bananen (je 150 g)
2 EL Sherry Medium
2 EL Obstessig
Zucker nach Geschmack
1 Msp. Zwiebelpulver
1/2 l Hühnerbrühe (Instant)
Cayennepfeffer nach Geschmack

Die Bananen schälen, mit dem Sherry und dem Obstessig fein pürieren. Mit Zucker und Zwiebelpulver abschmecken und mit der Hühnerbrühe verrühren. Bei 600 Watt 2 Minuten garen. Mit Cayenne schärfen.

Garzeit: *2 Minuten/600 Watt*

Feine Hühnersuppe mit Staudensellerie und Nudeln

25 g Reisnudeln
25 g Staudensellerie (1 dünne Stange)
1/2 dünne Stange Lauch (Porree)
25 g Champignons (aus der Dose)
25 g Bohnenkeime (aus der Dose)
1/2 l Hühnerbrühe,Salz
frisch gemahlener schwarzer Pfeffer
2 EL Sojasauce, Cayennepfeffer
75 g gekochtes oder gebratenes Hühnerfleisch

Die Reisnudeln mit kochendheißem Wasser übergießen, 3 Minuten quellen lassen (nicht kochen), abgießen und kalt überbrausen. Staudensellerie in feinste Streifen, Lauch in dünne Ringe, Champignons abgetropft blättrig schneiden, Bohnenkeime abtropfen lassen. Die Brühe mit dem Gemüse in ein Gefäß geben und 5 Minuten bei 600 Watt auf "Biß" garen. Champignons, Bohnenkeime und Reisnudeln zugeben. Die Suppe mit Salz, Pfeffer, Sojasauce und einer Spur Cayenne abschmecken. Das Hühnerfleisch schneiden, in die Suppe geben und alles nochmals 2 Minuten bei 600 Watt erhitzen.

Garzeit: *7 Minuten/600 Watt*

Eierstich

2 Eier, Salz
4 EL Sojamilch od. Hühnerbrühe
1 Prise Sternanis
1 TL Sesamöl

Die Eier mit Salz und Sojamilch verquirlen, mit Sternanis würzen. Eine kleine runde Schüssel mit dem Sesamöl einpinseln, die Eimasse hineingießen und offen 4 Minuten bei 600 Watt garen. Danach stürzen und in kleine Würfel schneiden.

Garzeit: *4 Minuten/600 Watt*

Anmerkung: *Zunächst geht die Eimasse stark auf, fällt dann aber wieder zusammen. Eierstich ist in China eine beliebt Suppeneinlage. Man kann die Eimasse vor dem Stocken z.B. auch mit 1 TL feingeschnittenen Schnittlauchröllchen oder mit einer streifig geschnittenen roten Pfefferschote variieren.*

Feine Hühnersuppe mit Staudensellerie und Nudeln (Carmel)

Hühnersuppe

250 g TK-Hühnerklein
1 Zwiebel (100 g)
1 Stange Lauch (Porree, 100 g)
1 Stückchen Ingwerknolle
3/8 l Wasser
Salz, Sojasauce

Das Hühnerklein zugedeckt 12 Minuten bei 180 Watt auftauen, dabei zweimal wenden, angetaute Teile voneinander trennen. Die Auftauflüssigkeit abgießen. Die Hühnchenteile in 1/2 l Wasser geben und zugedeckt 10 Minuten bei 600 Watt garen, danach entbeinen. In der Zwischenzeit die Zwiebel und den Lauch schälen bzw. putzen und beides schräg in sehr dünne Ringe schneiden. Die Ingwerknolle schälen und feinstreifig schneiden. Das Hühnchenfleisch zur Suppe hinzufügen und zugedeckt 2 Minuten bei 600 Watt garen, mit Salz und Sojasauce würzen.

Auftauzeit: *12 Minuten/180 Watt*

Garzeit: *12 Minuten/600 Watt*

Spinatsuppe mit Hackfleischbällchen

150 g Rinderhackfleisch
1 Ei
1 geh. TL Mehl
1 TL Sojasauce
1 Msp. gemahlene Nelke
150 g frischer Spinat (oder TK-Ware)
1 EL Öl
1/2 l Fleischbrühe (Instant)
1 TL Tomaten-Ketchup
1/2 TL Glutamat

Das Rinderhackfleisch mit dem Ei, Mehl, Sojasauce und Nelkenpulver gut vermischen. Kleine Bällchen formen. Den Spinat verlesen, grob hacken. Das Öl in eine runde Schüssel geben, den tropfnassen Spinat (TK-Ware unaufgetaut) hinzufügen und zugedeckt 3 Minuten bei 600 Watt dünsten, dabei einmal umrühren. Mit Brühe aufgießen, Ketchup und Glutamat hinzufügen und zugedeckt 4 Minuten bei 600 Watt garen. Dann die Rindfleischbällchen hineingeben und zugedeckt weitere 2 Minuten bei 600 Watt garen.

Garzeit: *9 Minuten/600 Watt*

Rindfleischsuppe mit Ei

200 g gut abgehangenes Rindfleisch
1/4 TL Speisestärke
1 TL Sojasauce
1 EL Wasser
1 EL trockener Sherry
1 TL Sesamöl
1 Frühlingszwiebel
Salz, Cayennepfeffer
gemahlener Koriander
1/2 l Fleischbrühe (Instant)
1 Ei

Das Rindfleisch in kleine, sehr dünne Scheiben schneiden und in einer Mischung aus Speisestärke, Sojasauce, Wasser und Sherry marinieren. In der Zwischenzeit das Sesamöl in eine runde Schüssel geben, die Frühlingszwiebel in dünne Ringe schneiden, hinzufügen und zugedeckt 1 Minute bei 600 Watt dünsten. Das Fleisch mit der Marinade, Salz und den Gewürzen zu der Frühlingszwiebel geben, mit der Fleischbrühe aufgießen und zugedeckt 5 Minuten bei 600 Watt erhitzen, dabei ein- bis zweimal umrühren. Das Ei gut verquirlen, unter die Suppe rühren und zugedeckt 1 Minute bei 600 Watt garen. Vor dem Servieren nochmals umrühren.

Garzeit: *7 Minuten/600 Watt*

Abalonen-Suppe mit Ei

4 getrocknete chinesische Shii-Take-Pilze
1/2 Dose Abalonen (250 g)
1/2 l Fischbrühe (Instant)
1 Ei
1 EL feine Erbsen
1 EL Sojasauce
1 EL chinesischer Reiswein (ev. Sherry)

1/2 l Wasser in einer Glasschüssel zugedeckt 3 Minuten bei 600 Watt erhitzen, die Trockenpilze darin etwa 20 Minuten ausquellen lassen. Danach in ein Sieb geben, gut abbrausen und streifig schneiden. Die Abalonen abtropfen lassen und in hauchdünne Streifen schneiden. Alles zusammen mit der Fischbrühe, dem verquirlten Ei und den Erbsen in eine runde Schüssel füllen, mit Sojasauce und Reiswein würzen und zugedeckt 6 Minuten erhitzen, dabei zwei- bis dreimal umrühren.

Garzeit: *6 Minuten/600 Watt*

Frühlingssuppe mit Kabeljau

300 g Kabeljaufilet
2-3 EL Sojasauce
4 Frühlingszwiebeln
1 kleine rote Peperoni
1 TL Sesamöl
1/2 l Fleisch- oder Fischbrühe (Instant)
Glutamat
Salz, Pfeffer
gehackte Petersilie

Das Kabeljaufilet unter kaltem Wasser säubern, mit Küchenkrepp trockentupfen, mit einem scharfen Messer in kleine Scheiben schneiden und in der Sojasauce marinieren. Die Frühlingszwiebeln putzen und in feine Ringe schneiden. Die Peperoni längs aufschneiden, die Kerne entfernen und streifig schneiden. Das Öl in eine runde Schüssel geben, Frühlingszwiebeln und Peperoni hinzufügen und zugedeckt 2 Minuten bei 600 Watt erhitzen, dabei einmal umrühren. Das Fischfilet zusammen mit der Brühe hinzufügen, zugedeckt 4 Minuten bei 600 Watt erhitzen, dabei zweimal umrühren, 1 Minute nachgaren. Vor dem Servieren mit Glutamat, Salz und Pfeffer würzen, mit gehackter Petersilie betreut servieren.

Garzeit: *6 Minuten/600 Watt*

Nachgarzeit: *1 Minute*

Krabbensuppe mit Erbsen

1 EL Erdnußöl
1 kleine Zwiebel
300 g TK-Perlerbsen
1/2 l Fleischbrühe (Instant)
1-2 EL chinesischer Reiswein (oder Sherry)
1 Prise Cayennepfeffer
1 Prise Nelkenpulver
200 g Tiefseekrabben
2 TL Sojabohnensauce (Paste)

Das Erdnußöl in eine runde Schüssel geben, zusammen mit der feingehackten Zwiebel zugedeckt 1 Minute bei 600 Watt dünsten. Die unaufgetauten Perlerbsen zusammen mit der Fleischbrühe hinzufügen, zugedeckt 5 Minuten bei 600 Watt erhitzen, dabei ein- bis zweimal umrühren. Mit Reiswein, Cayennepfeffer und Nelkenpulver würzen. Die abgespülten Krabben hinzufügen, zugedeckt 1 Minute bei 600 Watt erhitzen. Die Suppe auf zwei Tellern anrichten, mit je 1 TL Sojabohnensauce garnieren.

Garzeit: *7 Minuten/600 Watt*

Glasnudelsuppe

2 getrocknete große Steinpilze oder Shii-Take
50 g Glasnudeln
1/2 l Fleischbrühe
2 Frühlingszwiebeln
50 g Krabben (TK oder aus der Dose)
Cayennepfeffer
1 EL helle Sojasauce
1 Ei
4 Wachteleier (aus dem Glas)

Die getrockneten Pilze für etwa 30 Minuten in lauwarmem, die Glasnudeln in kaltem Wasser einweichen. Die Fleischbrühe mit den geputzten, in Ringe geschnittenen Frühlingszwiebeln in ein Gefäß geben. Die Steinpilze abtropfen lassen, streifig schneiden und hinzufügen. Alles 3 Minuten bei 600 Watt garen. Die Glasnudeln inzwischen abtropfen lassen und kleinschneiden. Mit den Krabben zur Brühe geben, mit Cayenne und Sojasauce abschmecken und das verschlagene Ei einrühren. Nochmals knapp 1 Minute bei 600 Watt erhitzen. Beim Servieren in jede Suppentasse 1 Wachtelei geben.

Garzeit: *4 Minuten/600 Watt*

Gemüsesuppe mit Tofu

125 g Tofu
Saft und 1 Stück Schale von 1/2 Zitrone (unbehandelt)
4 EL japanische Sojasauce
1/4 l Gemüsebrühe (Instant)
1 TL trockener Sherry
200 g gemischtes, zerkleinertes Gemüse (Möhren, Kohlrabi, Broccoli)
1 EL Sojaöl
einige Blätter frischer Spinat
1 EL Schnittlauchröllchen

Den Tofu würfeln, mit dem Zitronensaft, der feingehackten Zitronenschale und 1 EL Sojasauce mischen und zugedeckt 2 Stunden marinieren. Die restliche Sojasauce mit der Gemüsebrühe und dem Sherry verrühren, das Gemüse hinzugeben und alles in einem tiefen Gefäß bei 600 Watt in 6 Minuten bißfest garen. Den Tofu in einer Pfanne mit dem Öl unter Wenden braten und auf 2 Suppenteller verteilen. Den Bratfond und den gewaschenen Spinat in die Suppe geben.

Garzeit: *6 Minuten/600 Watt*

Scharfe Fischsuppe

250 g Fischfilet (z.B. Lengfisch)
1/2 Knoblauchzehe
1 EL Sojasauce
1 rote Pfefferschote
1 kleine Zwiebel
1 kleine Karotte (50 g)
1 Stück Sellerie (100 g)
1 EL Erdnußöl
1/2 l Fleisch- oder Fischbrühe (Instant)

Das Fischfilet kurz unter kaltem Wasser waschen, mit Küchenkrepp trockentupfen, in mundgerechte Stücke schneiden und in einer Mischung aus streifig geschnittener Knoblauchzehe und Sojasauce marinieren. Die Pfefferschote entkernen und feinhacken und das Gemüse feinstreifig schneiden. Das Erdnußöl in eine runde Schüssel geben, zusammen mit der Pfefferschote und dem Gemüse zugedeckt 2 Minuten bei 600 Watt garen, dabei einmal umrühren. Den vorbereiteten Fisch hinzufügen, mit der Brühe aufgießen und zugedeckt 3 Minuten bei 600 Watt erhitzen, danach 2 Minuten nachgaren.

Garzeit: *5 Minuten/600 Watt*

Nachgarzeit: *2 Minuten*

Gemüsesuppe mit Tofu (Kikkoman)

Desserts auf fernöstliche Art

Teereis mit Zimtzucker

150 g Milchreis
0,2 l fertig gebrühter grüner Tee
40 g Zucker
1/2 TL gemahlener Zimt
evtl. gezuckerte Mandarinen (aus der Dose)

Den Reis in eine Schüssel geben, den Teesud hinzufügen und zugedeckt 4 Minuten bei 600 Watt erhitzen, danach zugedeckt 12 Minuten bei 180 Watt garen, dabei nicht umrühren. 2 Minuten nachgaren bzw. ausquellen lassen. Zucker und Zimt mischen und den Teereis damit bestreuen oder getrennt dazu servieren. Eventuell mit Mandarinenspalten aus der Dose garnieren.

Garzeit: *4 Minuten/600 Watt; 12 Minuten/ 180 Watt*

Nachgarzeit: *2 Minuten*

Ingwer-Birnen

2 mittelgroße Birnen
etwas Zitronensaft
1 TL feingehackter kandierter Ingwer
1 Prise Zimt
4 EL Sherry (Medium)
2 TL brauner Zucker

Die Birnen schälen, halbieren und das Kernhaus herausstechen. Die Birnenhälften in eine Form legen, mit Zitronensaft beträufeln und mit Ingwer sowie Zimt bestreuen. Den Sherry mit dem Zucker verrühren und darüberträufeln. Zugedeckt 6-7 Minuten bei 600 Watt garen. Erkaltet servieren.

Garzeit: *6-7 Minuten/600 Watt*

Honigbananen

2 TL Sesamöl
2 kleinere Bananen
2 EL Zitronensaft
2 EL Cream Sherry
2 EL Honig
2 TL Sesamsamen

Eine flache Schüssel mit Sesamöl ausstreichen. Die Bananen schälen und der Länge nach halbieren, dann mit den Schnittflächen nach unten in die Schüssel legen. Zitronensaft, Cream Sherry und Honig verrühren und die Bananen damit übergießen. 3 Minuten bei 600 Watt offen garen. Dann die Sesamsamen überstreuen und nochmals 1 Minute bei 600 Watt garen. Heiß servieren.

Garzeit: *4 Minuten/600 Watt*

Anmerkung: *Bei Verwendung eines Kombinationsgeräts kann man die Bananen auch im vorgeheizten Gerät 2-3 Minuten grillen.*

Mangomousse

1 kleine, reife Mangofrucht
50 g Orangen- oder Zitronenkonfitüre
2 TL Honig
Saft von 1/2 Zitrone oder Limette
1 gestr. TL Agar-Agar
etwas Wasser
2 Eiweiß
Melissen- oder Minzeblättchen zum Garnieren

Die Mango schälen, entkernen und pürieren. Konfitüre mit Honig und Zitronensaft sowie dem Mangopüree verrühren. Agar-Agar mit wenig kaltem Wasser anrühren, zum Fruchtpüree geben und alles zugedeckt 3 Minuten bei 600 Watt erhitzen, danach kalt stellen. Eiweiß steifschlagen und, sobald die Masse fest zu werden beginnt, mit dem Schneebesen unterrühren. In Portionsschalen füllen und gut gekühlt, mit Melisse- oder Minzeblättchen garniert, servieren.

Garzeit: *3 Minuten/600 Watt*

Reispudding

150 g Milchreis
0,2 l Wasser
6 getrockenete Aprikosen
10 kandierte Kirschen
10 Lotusnüsse (aus der Dose)
1 Eigelb
1 Eiweiß
1-2 TL Speisestärke

Den Reis in eine Schüssel geben, das Wasser hinzufügen und zugedeckt 4 Minuten bei 600 Watt erhitzen, danach zugedeckt 12 Minuten bei 180 Watt garen, dabei nicht umrühren, 2 Minuten nachgaren und abkühlen lassen. Den abgekühlten Reis zunächst mit verquirltem Eigelb und 2 EL gezuckerter Abtropfflüssigkeit der Lotusnüsse vermischen, dann das steif geschlagene Eiweiß unterheben. Eine runde flache Schüssel mit einem Teil der Aprikosen, Kirschen und abgetropften Lotusnüssen auslegen. Einen Teil des Reises darübergeben, mit restlichem Obst belegen und dem übrigen Reis bedecken, zum Schluß fest andrücken, die Schüssel leicht auf der Arbeitsplatte aufstoßen. Zugedeckt 15 Minuten bei 180 Watt garen, 2 Minuten nachgaren und auf eine Dessertplatte stürzen. Nach Belieben die restlichen Lotusnüsse zusammen mit der Abtropfflüssigkeit und mit der in wenig kaltem Wasser aufgelösten Speisestärke in eine kleine runde Schüssel geben, zugedeckt 1 Minute bei 600 Watt erhitzen, umrühren und getrennt zum Reis servieren.

Garzeit: *5 Minuten/600 Watt; 27 Minuten/180 Watt*

Nachgarzeit: *2 Minuten*

Tip: *In der Mikrowelle lassen sich insbesondere Gerichte, die man sonst in stundenlangem Wasserbad zubereitet, ideal garen. Die Garzeit für "Reispudding" verkürzt sich von ca. 1 Stunde (im Wasserbad) auf 20 Minuten, die verwendete Form muß zudem nicht (wie sonst üblich) gefettet oder mit Semmelbröseln bestreut werden.*

Lychee-Ananas-Dessert

1 kleine Dose Lychees (280 g Abtropfgewicht)
1 kleine Dose Ananasstücke
2 EL trockener Weißwein
1 EL Speisestärke

Die Lychees zusammen mit der Dosenflüssigkeit, den Ananasstücken und nach Belieben 1-2 EL Ananas-Dosenflüssigkeit in ein Gefäß geben. Die im Weißwein aufgelöste Speisestärke darunterrühren und zugedeckt 5 Minuten bei 600 Watt erhitzen, dabei ein- bis zweimal umrühren. Noch heiß servieren.

Garzeit: *5 Minuten/600 Watt*

Anmerkung: *Da die Lychees und die Ananas gezuckert sind, benötigt man hier keine weitere Zugaben von Zucker. Wer mag, kann dieses Dessert zusätzlich mit wenig feingeraspelter Ingwerknolle, Orangenschalenwürfelchen oder aber mit Melonen- oder Mangostückchen variieren.*

Kaki-Sterne

***Kombi**

2 reife Kakis (Sharonfrüchte)
2 EL Cream Sherry
2 Eiweiß
1 EL Zucker
1 Prise gemahlener Anis

Die Kakis waschen, abtrocknen, die Blätter entfernen. Die Früchte auf eine feuerfeste Platte setzen, je viermal kreuzweise einschneiden und die Achtel zu "Sternen" auseinanderbiegen. Jeweils 1 EL Cream Sherry darüberträufeln. Eiweiß mit Zucker und Anis sehr steif schlagen, mit dem Spritzbeutel und großer Sterntülle je eine dicke Rosette in die Mitte der Kakis setzen. Im vorgeheizten Kombinationsgerät bei 180 Grad C ca. 6 Minuten überbacken. Sofort servieren.

Garzeit: *6 Minuten/180 Grad C Ober-/Unterhitze*

Anmerkung: *Besonders mild und süß im Geschmack sind die "Sharonfrüchte" genannten Kakis aus Israel.*

Mandelgelee

1 gest. TL Agar-Agar (8 g)
1/4 l Wasser
1/4 l Kondensmilch (oder Kaffeesahne 12%)
1 EL Zucker
einige Spritzer Mandelextrakt oder Backöl "Bittermandel"

Agar-Agar in wenig kaltem Wasser anrühren und zusammen mit dem restlichen erhitzten Wasser, Kondensmilch, Zucker sowie Bittermandel in eine runde Schüssel geben, gut umrühren und zugedeckt 3 Minuten bei 600 Watt erhitzen, danach abkühlen lassen. Nach Belieben mit Obst aus der Dose garnieren.

Garzeit: *3 Minuten/600 Watt*

Tip: *Agar-Agar wird in der chinesischen Küche als Dickungsmittel für Süßspeisen verwendet. Es quillt in kaltem Wasser auf, löst sich aber nur in heißem Wasser auf. Geleespeisen werden erst nach dem Abkühlen fest. Anstatt Agar-Agar (z.B. in Reformhäusern erhältlich) kann man Gelatine verwenden. 1 TL gemahlenes Agar-Agar entspricht 1 TL gemahlener oder 6 Blatt Gelatine.*

Crevetten in Weinsud (Siemens) siehe S.9

MICROWELLE PLUS

Typisch chinesische Zutaten von A bis Z

Viele Lebensmittel und Gewürze der chinesischen Küche findet man heute bei uns in Spezialgeschäften, wie Ostasien-Läden, in Delikatessengeschäften, in den Feinkostabteilungen der großen Kaufhäuser, in Reformhäusern und Bioläden. Für einige Zutaten gibt es auch eine europäische Alternative, so z.B. für Reiswein trockener Sherry.

Agar-Agar: Aus Algen hergestelltes Binde- und Geliermittel, wie Gelatine verwendbar.

Abalonen: Tiefseemuscheln in Dosen, werden in Streifen geschnitten nur erhitzt, nicht gekocht. Auch getrocknet erhältlich.

Austernsauce: Braune Fertigsauce aus Austern und Sojasauce.

Bambussprossen: Junge Schößlinge der Bambuspflanze, bei uns nur in Dosen in Stücken oder feingeschnitten erhältlich.

Bohnenkeime (Lunja): Keimlinge der Mungobohne, fälschlich auch als Sojabohnenkeime bezeichnet, frisch als Gemüse oder eingelegt in Gläsern oder Dosen zu kaufen. Man kann sie selbst auch aus Mungobohnen ziehen.

Chilisauce: Sehr scharfe Fertigsauce aus Chilipfeffer; ersatzweise kann Tabascosauce verwendet werden.

Chinagewürz: Auch "Fünf-Gewürze-Pulver" genannt, Gewürzmischung aus schwarzem Pfeffer, Sternanis, Fenchel, Nelken und Zimt, sehr scharf.

Glasnudeln: Fadenähnliche Nudeln aus Bohnen- oder Maismehl, werden bei der Zubereitung durchsichtig. Im Gegensatz dazu bleiben Reisnudeln milchig-weiß.

Glutamat (Vet Sin): Natriumsalz einer Aminosäure (Protein), aus Getreide gewonnen, dient in kleinen Mengen als Geschmacksverstärker.

Hoi-Sin-Sauce: Fertigsauce, scharfe rotbraune Sojabohnensauce, wird vor allem für die Peking-Ente verwendet.

Ingwerknolle: Aromatisch-scharfe Wurzelknolle mit brauner Haut, unentbehrlich für die chinesische Küche, heute schon in vielen Gemüseläden erhältlich. Kann eingefroren oder in Sherry konserviert werden. Ersatzweise kann gemahlener, in Sirup eingelegter oder kandierter Ingwer verwendet werden.

Kumquats: Chinesische Zwergorangen von herbsüßem Geschmack, frisch und in Dosen im Angebot, werden mit der Schale gegessen.

Lychees (Litschis): Weiße mirabellengroße Früchte, im Geschmack sauerkirschenähnlich, mit harter rotbrauner Schale, frisch oder geschält in Dosen im Handel.

Lotusnüsse: Samen der asiatischen Wasserlilie, im Geschmack an Mandeln erinnernd, kommen geschält und gebrüht in Dosen, oft in Sirup eingelegt, zum Verkauf.

Pilze: Getrocknet sind chinesische braune Baumpilze (Tung-Koo oder Shii-Take) und schwarze chinesische Morcheln (Wolkenohrpilze oder Mu-err) erhältlich. Als frische Pilze lassen sich für chinesische Gerichte Champignons, Egerlinge, Austernpilze, Shii-Take, Steinpilze verwenden.

Sesamöl: Braunes, aromatisches Öl aus gerösteten Sesamsamen, sparsam als Würzmittel zu verwenden.

Sesamsamen: Samenkörner der Sesampflanze, zum Würzen geeignet, besonders aromatisch, wenn in trockener Pfanne leicht geröstet.

Sojasauce: Würzige braune Fertigsauce aus fermentierten Sojabohnen, in der chinesischen Küche als Würzmittel und Salzersatz unentbehrlich. Am mildesten ist aber die japanische Sojasauce.

Sojabohnenpaste: Würzpaste aus fermentierten Sojabohnen, als Brotaufstrich verwendbar.

Sternanis: Sternförmiges Gewürz, schärfer und bitterer als Anis, fördert mitgekocht die Verdauung, im ganzen oder gemahlen erhältlich.

Tofu: Quark aus Sojamilch, weiße Masse ohne ausgeprägten Eigengeschmack, wird gewürzt und gebraten als Fleischersatz oder ähnlich wie unser Quark bzw. Käse in der Küche verwendet. Im Reformhaus und

Naturkost(Bio)-Laden überall erhältlich.
Wasserkastanie: Knackige Knollen einer Sumpfpflanze, geschält als walnußgroße Kugeln in Dosen im Handel.
Zitronengras: Wie Koriandergrün typische ostasiatische Würzpflanze, nur im Spezialhandel oder Apotheken getrocknet erhältlich, sehr aromatisch, pikant und für europäische Gaumen ungewöhnlich schmekkend (vorsichtig verwenden!).

Küchentips für "Einsteiger"

• In der chinesischen Küche schneidet man fast alle Zutaten in gleichgroße Stücke, damit alles gleichzeitig gar wird.
• Wichtig ist richtiges "Timing": Getrocknete Zutaten wie Pilze oder Glasnudeln rechtzeitig einweichen, genügend Zeit für das Marinieren von Fleisch oder Fisch einplanen.
• Fleisch schneidet sich leicht angefroren am besten klein. Man schneidet je nach Beschaffenheit und Rezept in Streifen von etwa Streichholzlänge, Stäbchen, Würfel oder Scheiben quer zur Faser. Gehackt werden Zwiebeln, Knoblauch, Kräuter, Gewürze, Nüsse. Fleisch mit kurzer Garzeit eignet sich am besten für chinesische Gerichte.
• Auch Gemüse wird möglichst klein in ähnlichen Formen wie Fleisch geschnitten. Schräg geschnitten gart es schneller. Die Gemüsesorte mit der längsten Garzeit gibt man als erste in den Topf. Gemüse auch in der Mikrowelle nur kurz garen; es sollte noch knackig sein, also "Biß" haben, und seine natürlichen Farben bewahren. Die Kunst ist, den genauen Punkt zwischen noch roh und schon gar zu finden.
• Eine Marinade aus Sojasauce, Reiswein oder Sherry, Zitronensaft oder Essig, weiteren Gewürzen und eventuell Sesamöl gibt dem Fleisch oder Fisch eine dezente Würze.
• Aufgegossen wird mit Brühe. Dabei kann durchaus Fleisch oder Fisch mit Geflügelbrühe oder umgekehrt zubereitet werden. Die meisten Gerichte der chinesischen Küche werden mit Speisestärke leicht gebunden.
• Wichtigstes Gewürz ist die Sojasauce, die zum einen das Salz ersetzt, zum anderen den Geschmack der Zutaten erhöht. Es gibt hellere und dunklere, mildere und schärfere Sorten. Sojasauce entsteht durch Vergärung von Sojabohnen mit Weizen, Hefe und Salz.
• Als Fett ist gutes Pflanzenöl, z.B. Keimöl, Sojaöl, Erdnußöl, nicht Olivenöl, zu empfehlen. Einen besonders typischen Geschmack verleiht Sesamöl den Speisen; es ist jedoch so teuer, daß man es nur zum Aromatisieren verwendet. Butter, Butterschmalz und andere gehärtete Fette werden in der echten chinesischen Küche nicht verwendet. Schweineschmalz ist beliebt, eignet sich jedoch nicht zum Garen in der Mikrowelle.
• Reis ist die wichtigste Beilage, gleichzeitig ein ausgezeichneter Neutralisator für alle scharf gewürzten Gerichte. Er stellt das Gleichgewicht zwischen den Speisen her, das den fernöstlichen Köchen wichtig ist. Wer mit Stäbchen essen möchte, sollte den für die chinesische Küche typischen klebrigen Reis wählen, ersatzweise für den Klebreis unseren Rundkornreis. Will man mit Besteck essen, kann man auch Lang kornreis nehmen. Heute verwenden auch Chinesen wieder zunehmend den ungeschälten und -polierten Vollwertreis, den früher nur die arme Bevölkerung aß.
• Lieblingsfleischarten der Chinesen sind Schweinefleisch und Geflügelfleisch. Wir haben in unseren Rezepten jedoch - u.a. wegen der kurzen Garzeiten - auch Rind- und Lammfleisch verwendet.
• Viele Gerichte sollten mit Wein, möglichst natürlich Reiswein, zubereitet werden. Bester Ersatz dafür ist trockener oder halbtrockener Sherry (Dry oder Medium), denn Reiswein ist teuer und nicht in allen Geschäften erhältlich.

Register

Die Ratschläge und Rezepte in diesem Buch sind von den Autorinnen sorgfältig geprüft und erwogen, eine Garantie kann dennoch nicht übernommen werden. Eine Haftung der Autorinnen bzw. des Verlages für Personen-, Sach- und Vermögensschäden sind ausgeschlossen.

壽